ALPAKAS UND LAMAS Die Nutzung domestizierter Neuweltkameliden

Alpakas und Lamas

Die Nutzung domestizierter Neuweltkameliden

Michael Trah (Hrsg.)
Walter Egen
Klaus Finkenzeller
Heike Höke

Verein der Züchter, Halter und Freunde
von Neuweltkameliden e.V.
LAMAS Verlag

IMPRESSUM

Das Werk ist einschließlich aller seiner Teile urheberrechtlich geschützt. Jede Verwertung außerhalb der engen Grenzen des Urheberrechtsgesetzes ist ohne Zustimmung des Verlages unzulässig und strafbar. Das gilt insbesondere für Vervielfältigungen, Übersetzungen, Mikroverfilmungen und die Einspeicherung und Verarbeitung in elektronischen Systemen.

Copyright © 2010
Verein der Züchter, Halter und Freunde von Neuweltkameliden e.V.
LAMAS Verlag
Am Schlössle 7, D-87600 Kaufbeuren
www.lamas-alpakas.de

Umschlaggestaltung: Katrin Graf
Titelfoto: Nicole Gräsing
Typographie, Inhalt: Reinhard Graf
Druck und Verarbeitung: AZ Druck und Datentechnik GmbH, Kempten
Printed in Germany

ISBN 978-3-931952-07-5

Inhalt

Einleitung		9
1	**Alpakas und Lamas als Faserproduzenten**	11
	M. Trah	
1.1	Faser, Haare oder Wolle	11
1.1.1	Alpakafaser	11
1.1.2	Das Vlies von Alpakas und Lamas	14
1.2	Faserbeurteilung und Faserverarbeitung	16
1.3	Alternative Faserverwertung	20
1.4	Zuchtziele und Zucht von Faser produzierenden Neuweltkameliden	21
1.4.1	Allgemeine oder „konventionelle" Zuchtmethode	21
1.4.2	SRS®-Zuchtmethode	25
1.5	Naturfarben und Farbverteilung bei Alpakas und Lamas	26
1.6	Genetik der Farben	28
2	**Trekking und andere Freizeitaktivitäten mit Lamas und Alpakas**	33
	K. Finkenzeller	
2.1	Tiergestützte Aktivitäten mit Lamas und Alpakas	34
2.2	Lamatrekking	34
2.3	Auswahl der Tiere für Freizeitaktivitäten	37
2.3.1	Lamas und Alpakas als Freizeit- und Begleittiere	37
2.3.2	Lamas als Lastentiere	38
2.3.3	Stute oder Hengst?	38
2.3.4	Gruppengefüge	39
2.4	Das Training	41
2.5	Die Ausrüstung	43
2.6	Wirtschaftlichkeit, Zusatzangebote, Werbung	45
2.6.1	Kosten des Lamatrekkings	45

2.6.2	Zusatzangebote	46
2.6.3	Werbung	47

3	**Tiergestützte Pädagogik und tiergestützte Therapie mit Lamas und Alpakas**	**49**
	H. Höke	
3.1	Tiergestützte Pädagogik und tiergestützte Therapie – Definitionen und allgemeine Voraussetzungen	49
3.2	Tiergestützte Pädagogik und tiergestützte Therapie mit Lamas und Alpakas	53
3.2.1	Artspezifische Aspekte und Anforderungen	53
3.2.2	Zielgruppen	56
3.2.3	Inhalte	57
3.3	Auswahl der Tiere	58
3.3.1	Lamas oder Alpakas?	58
3.3.2	Hengste, Wallache oder Stuten?	60
3.3.3	Anzahl der Tiere	61
3.3.4	Charakterliche Voraussetzungen bei den Tieren	62
3.4	Ausbildung und Training der Tiere	65
3.5	Wissenswertes	69

4	**Landschaftspflege mit Neuweltkameliden**	**71**
	W. Egen	
4.1	Landschaftspflege mit Lamas und Alpakas – Besonderheiten, Vergleich mit anderen Tierarten	71
4.2	Welche Grünflächen eignen sich?	74
4.3	Besatzdichte	76
4.4	Einzäunung	78
4.5	Witterungsschutz	80
4.6	Wissenswertes	82

5	**Fleisch und Fleischprodukte von Lamas und Alpakas**	**85**
	M. Trah	
5.1	Fleischverwertung in den Ursprungsländern Südamerikas	85
5.2	Lama-/Alpakafleisch	87

6	**Leder und Pelze**	93
	M. Trah	
6.1	Lederverarbeitung	93
6.2	Pelzverarbeitung	95

Anhang		97
A1	Betriebswirtschaftliche Fakten / Deckungsbeiträge	97
A2	Rechtliche Rahmenbedingungen	102
A3	Versicherungen	104

Glossar	105

Stichwortverzeichnis	109

Autoren	112

Fotonachweis:

Walter Egen   72, 74, 75, 77, 78, 79, 80, 81

Klaus Finkenzeller   35, 42

Müffel Gaberthüel   36 oben links, 40 unten

Nicole Gräsing   38, 40 oben, 43, 46, Umschlagseite

Agnes Hämmerli-Bär   88, 90, 91

Heike Höke   59, 61, 63, 67, 68

Walter Mair   36 oben rechts

Beat Marti   41

Sabine Saelinger   20

Michael Trah   15, 33, 94

Stefan Zaugg   13, 16, 17

Brigitta Zbinden-Gaberthüel   36 unten

Tom Zbinden   44

Lederzentrum GmbH (www.lederzentrum.de)   93

texas trading GmbH (www.texas-trading.de)   82

Alpaka and More (www.alpakaandmore.de)   95, 96

*D*ANK

an alle, die mitgeholfen haben, dieses Buch zu verwirklichen.
Ohne die Unterstützung meiner Mitautoren und der zahlreichen Fotografen die ihre Bilder zur Verfügung gestellt haben, wäre es mir nicht möglich gewesen, diese Fülle an Informationen zusammenzutragen.
Dem Verein der Züchter, Halter und Freunde e.V. danke ich für die Bereitschaft, das Risiko einzugehen, dieses Buch zu verlegen.
Mein besonderer Dank gilt meiner Frau und Frau Ulla Brinkmann für ihre Geduld beim Korrekturlesen.

Michael Trah

Einleitung

Lamas und Alpakas gehören mit zu den ältesten Haustierarten. Der Beginn ihrer Domestikation wird auf etwa 5.000 v. Chr. geschätzt. Wie fossile Funde belegen, kristallisierten sich schon sehr früh verschiedene Typen heraus, denen die unterschiedlichsten Nutzungsrichtungen zugeordnet werden können. So sind sowohl grobwollige als auch feinwollige Zuchtrichtungen erkennbar, die darauf schließen lassen, dass auch eine Selektion auf Faser produzierende Tiere erfolgte. Die andere Zuchtrichtung zielte auf Fleisch erzeugende Tiere hin, als Ersatz für die Jagd auf Vicunjas und Guanakos. Erst später wurde das Lama auch als Lastenträger genutzt.

Die Nutzung des Lamas als Transporttier hatte ihren Höhepunkt zur Zeit der Inkas. Durch eine gezielte Zucht wurden Tiere selektiert, die sowohl im zivilen als auch im militärischen Bereich in der Lage waren, in den Hochebenen der Anden Lasten zu transportieren.

Von den vielen Zuchtrichtungen der vergangenen Zeit für zivile, militärische, religiöse und sonstige Zwecke sind letztendlich nur jeweils zwei „Rassen" übrig geblieben. Das Huacaja-Alpaka und das Suri-Alpaka und bei den Lamas das Classic-Lama (Ccara-Sullo-Lama) und das Wooly-Lama (Tapada- und/oder Lanuda-Lama, Thampulli).

Während sich in den Ursprungsländern Südamerikas die Nutzung der Tiere kaum verändert hat – Alpakas sind Lieferanten feinster Fasern, Lamas sind Tragtiere und Faserlieferanten und beide sind und bleiben Fleischlieferanten – werden die Tiere außerhalb ihrer ursprünglichen Heimat zu den unterschiedlichsten Nutzungen herangezogen. Dies hat natürlich auch Einfluss auf die Zucht. Möglichen negativen Entwicklungen, z.B. der Zucht von Minialpakas, muss hier seitens der in allen Ländern existierenden Zuchtverbände jedoch rechtzeitig Einhalt geboten werden.

Die Nutzung von Lamas und Alpakas in den unterschiedlichsten Bereichen ist Folge einiger positiver Eigenschaften der Tiere. Als allererstes muss hier die relative Anspruchslosigkeit der Tiere genannt werden, die unter anderem auch dazu beigetragen hat, dass sich die Tiere derart rasant außerhalb Südamerikas verbreitet haben. Dazu kommt eine Ausstrahlung der Tiere, der sich kaum jemand widersetzen kann. Dies rührt zum Teil von dem Kindchenschema her, das sich vor allem Alpakas bis ins Alter hinein erhalten. Des Weiteren sind Lamas und Alpakas äußerst neugierige Tiere und sehr sensibel. Diese artspezifischen Eigenschaften haben besonders im Bereich der tiergestützten Pädagogik und tiergestützten Therapie eine große Bedeutung.

Natürlich kann man Lamas und Alpakas der Schlachtung zuführen und essen, aber dies ist eine Nutzung die hierzulande noch keiner will. Dazu spielen die Emotionen eine zu große Rolle, abgesehen von dem Preis, der momentan für die Tiere bezahlt wird.

Alpakas sind Lieferanten feinster Fasern. Was liegt daher näher, als diese Tier auch in unseren Breitengraden zur Faserproduktion zu nutzen. Hier stellen sich allerdings gleich mehrere Fragen, deren Beantwortung bis heute noch nicht zufrieden stellend geklärt ist.

Reduziert man das Lama auf seine ursprüngliche Aufgabe – das Tragen von Lasten in unwegsamem Gelände – dann verwundert es nicht, dass der Einsatz als Trekkingbegleiter mehr und mehr an Beliebtheit zunimmt. Dabei steht oftmals aber der Kontakt und die Beschäftigung mit dem Tier im Vordergrund und weniger das Tragen schwerer Lasten, obwohl es auch hierzu Beispiele gibt.

Wie erwähnt, ist die Summe der positiven Eigenschaften bedeutsam für den Einsatz der Tiere in der tiergestützten Pädagogik und der tiergestützten Therapie, aber durchaus auch für tiergestützte Aktivitäten wie zum Beispiel für die Gestaltung von Kindergeburtstagen, von Lamawanderungen oder von Seniorennachmittagen.

Lamas und Alpakas sind Schwielensohler. Diese Tatsache ist dafür verantwortlich, dass sich auch in empfindlichem Gelände die durch die Tiere verursachten Trittschäden in Grenzen halten. Was liegt daher näher, als diese „Rasenmäher" auch in größerem Stil als Landschafspfleger einzusetzen. Erste Untersuchungen hierzu erbrachten durchaus positive Ergebnisse. Die große Beliebtheit der Tiere und ihre schnelle Verbreitung werden in der Zukunft gewiss noch weitere Nutzungsmöglichkeiten auftun und Nischen ausfüllen. Diese Nischen zu entdecken ist Aufgabe eines jeden Alpaka- und Lamahalters. Dieses Buch soll die Nutzung der Tiere nicht einschränken, sondern will sowohl dem Anfänger als auch dem schon erfahrenen Züchter die mittlerweile klassischen Nutzungsgebiete erörtern und deren Bedürfnisse darlegen. Kritische Äußerungen sollen nicht abschrecken, sondern vor Enttäuschungen bewahren.

1 Alpakas und Lamas als Edelhaarproduzenten
M. Trah

Bei aller Euphorie über die Besonderheiten der Alpakafaser darf eines nie aus den Augen verloren werden, das Endprodukt. Die Zucht der Tiere und deren Selektion auf Faserqualität und -ertrag hat ein einziges Ziel: die Herstellung von hochwertiger Bekleidung bzw. den Verkauf der Fasern zur Herstellung dieser Bekleidung.

Hohe Produktionskosten und fehlende Mengen gleicher Farbe und Qualität sind momentan Faktoren, die die professionelle Herstellung hochwertiger Produkte aus Wolle „Produced in Europe" erschweren. Das Preis-/Leistungsverhältnis spricht eindeutig zugunsten der Importware aus Südamerika.

In Deutschland und Europa produzierte Fasern und Produkte müssen um erfolgreich zu sein Nischen besetzen, die durch Importe nicht abgedeckt werden z.B. durch „Bio" Qualitätsmerkmale.

1.1 Faser, Haar oder Wolle

Per Definition ist Wolle lediglich das Haar von Schafen. Die Haare aller anderen Tiere, die zur Herstellung von Bekleidung verwendet werden, bezeichnet man dagegen als Faser. Bei der „Wolle" der Lamas und Alpakas muss demnach von Haaren oder Fasern gesprochen werden („Edelfaser", „Edelhaare", „Faser der Könige"). Nichtsdestoweniger ist häufig auch von Alpakawolle die Rede, wobei damit in der Regel ein Produkt der Faserverarbeitung gemeint ist, also das Garn oder die Strickwolle.

1.1.1 Alpakafaser

„Alpakawolle ist leicht, weich, geschmeidig und fühlt sich angenehm an". Verantwortlich für die positiven Eigenschaften der Produkte und damit auch für den legendären Ruf von Produkten aus Alpakafaser ist die Zusammensetzung des Vlieses und letztendlich der Aufbau und die Struktur der einzelnen Faser.

Die Haut von Säugetieren besteht aus drei Schichten, der Oberhaut (Epidermis), der Lederhaut (Corium) und der Unterhaut (Subcutis). In diese Haut eingebettet bzw. aus Epidermiszellen differenziert, liegen – je nach Tierart in spezieller Art und Weise und in unterschiedlicher Zahl – Schweißdrüsen, Talgdrüsen und die Haarbälge (-follikel).

Die geringe Zahl der Talgdrüsen und – im Vergleich zum Schaf – der dadurch geringere Fettanteil ist mit ein Grund für das angenehme Gefühl beim Griff in ein Vlies von Neuweltkameliden. Dieses angenehme Gefühl verstärkt sich, je geringer der Anteil der Grannenhaare ist.

Bei den Haaren können vereinfacht drei Typen unterschieden werden:
1. die Sinnes- bzw. Leithaare (z. B. Barthaare, Wimpern),
2. die Stichelhaare und die Grannenhaare,
3. die Wollhaare

Lediglich die Wollhaare sind für die Faserverarbeitung von Interesse. Diese wachsen aus den so genannten Sekundärfollikeln, die sich im Aufbau deutlich von den Primärfollikeln, den Trägern der Grannenhaare unterscheiden. Je geringer der Anteil an Grannenhaare ist, desto geschmeidiger und weicher fühlt sich ein Wollprodukt an.

Hier liegt auch einer der größten Unterschiede zwischen dem Vlies eines Alpakas und dem Vlies eines Lamas. Während die Feinheit der Wollhaare von erstklassigen „Wooly"-Lamas durchaus an die Qualität von Alpakafasern heranreicht, ist das Vlies mit wesentlich mehr Grannenhaaren durchsetzt. Das Vlies und somit auch die daraus hergestellten Produkte fühlen sich dadurch deutlich gröber an.

Aber auch die Struktur der einzelnen Faser ist sowohl für das Aussehen als auch für den „Wohlfühlfaktor" verantwortlich.

Eine Faser baut sich von innen nach außen aus folgenden Schichten auf:
1. der Markschicht oder einem Hohlraum,
2. der Spindelzellschicht (Cortex) und
3. den Schuppenzellen (Kutikula).

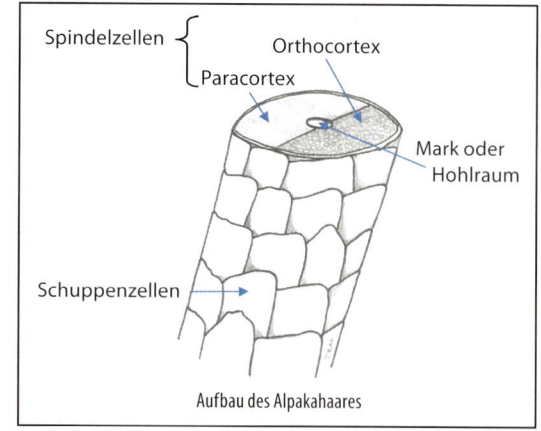

Aufbau des Alpakahaares

Das Alpakahaar ist eine Hohlfaser, wobei sowohl die Primärfasern als auch die Sekundärfasern hohl (meduliert) sein können. Der Wohlfühlfaktor sinkt mit der Anzahl der Primärfasern. Bei der Bewertung der Medulation streiten sich jedoch die Geister. Einerseits ist sie gewünscht, um die Faser leichter zu machen, andererseits sind medulierte Fasern nicht so elastisch mit all den negativen Folgeerscheinungen in der Verarbeitung wie z. B. Haarbruch.

Die Cortex (Spindelzellschicht) besteht aus zwei verschiedenen Zellarten: den Orthocortexzellen und den Paracortexzellen, die verschiedene physikalische Eigenschaften aufweisen. Je nach Anordnung dieser Zellen entsteht eine mehr oder weniger starke Krümmung des Haares. Beim Huacaya-Alpaka und beim Wooly-Lama sind diese Zellen bilateral angeordnet. Es entsteht eine wellenförmige Krümmung des Haares, der Crimp. Beim Suri-Alpaka fehlt diese Ordnung. Die Zellen sind wahllos in der Cortex angeordnet und es entsteht die typische glatte Surifaser.

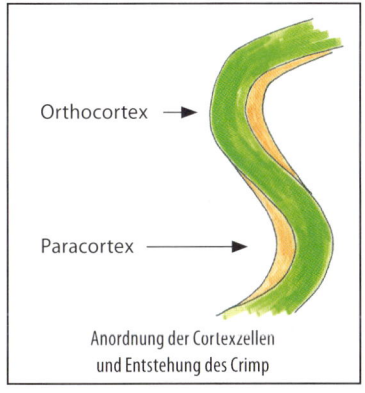

Anordnung der Cortexzellen und Entstehung des Crimp

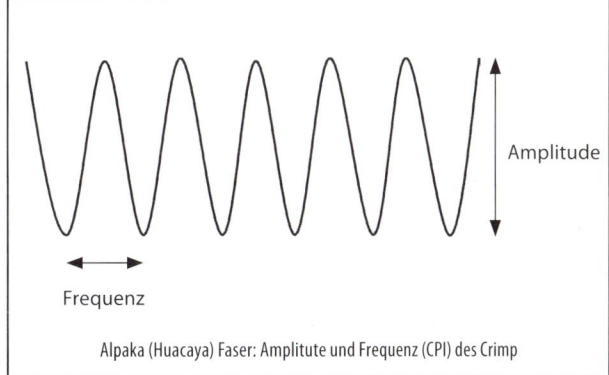

Alpaka (Huacaya) Faser: Amplitute und Frequenz (CPI) des Crimp

Entscheidend für die Beurteilung des Crimp sind Frequenz und Amplitude, das heißt die Anzahl der „Wellen" pro Inch, was in der Literatur oft als CPI-Wert bezeichnet wird, und die Höhe der Wellen. Beide Faktoren haben Einfluss auf die Verarbeitung der Faser und die Qualität (Formstabilität) des fertigen Strickproduktes.

Gescheiteltes Alpakavlies mit ausgeprägtem Crimp

Der Griff und der Glanz einer Faser wird von der äußersten Schicht eines Haares, der Schuppenzellschicht beeinflusst. Die Höhe der Schuppen und deren Länge sind die maßgeblichen Faktoren.

Ein „seidiger" Glanz entsteht durch eine fast ungestörte Lichtreflexion der Faser, vergleichbar mit der Reflexion des Lichtes einer monofilen Seidenfaser. Je niedriger die Schuppenhöhe und je länger die Schuppe, umso höher ist der Glanz und umso angenehmer ist der Griff der Faser. Surifasern haben im Vergleich zu Fasern von Huacaya-Alpakas fast doppelt so lange Schuppen. Der MSF (mean scale Frequency = mittlere Schuppenzahl/100 Mikron Faserlänge) von Surifasern liegt in den Untersuchungen von TILLMANN (2006) bei durchschnittlich 7,0 MSF, der von Huacaya-Fasern bei 11,0 MSF und ist somit vergleichbar mit der Schuppenlänge beim Schaf.

Bei allgemeinen Aussagen über Produkte in Bezug auf Wärme, Tragekomfort oder Aussehen werden Fasern zwangsläufig immer mit der Wolle vom Schaf verglichen. Ein ganz signifikanter Unterschied zur Wolle von Schafen besteht in der Schuppenhöhe. Bei gleichem Faserdurchmesser ist die Schuppenhöhe von Neuweltkameliden lediglich 1/10 der von vergleichbarer Schafwolle. Sie liegt in der Größenordnung von etwa 0,3 Mikron. Die Schuppenhöhe ist somit ein messbares Argument für den Tragekomfort und die Exklusivität der Neuweltkamelidenfaser.

Was aber den Griff so positiv beeinflusst, ist für manche Produkte eher ein Nachteil bei der Verarbeitung, da die Schuppen auch für den Halt der Fasern untereinander verantwortlich sind. Ein Grund, warum sich Alpakafasern nur schwer filzen lassen.

1.1.2 Das Vlies von Alpakas und Lamas

Haare dienen dem Schutz des Tieres vor äußeren Witterungseinflüssen. Dies ist unabhängig von der Tarnfunktion, die durch die Färbung erreicht wird. Je nach Verbreitung und den vorherrschenden Witterungseinflüssen ist das Haarkleid ausgelegt – Wasser abweisend, zur Isolation gegen Kälte oder Wärme, Hitze abstrahlend usw. Erst die Domestikation und eine konsequente Zuchtauslese in Bezug auf das Haar haben die Veränderungen im Haarkleid hervorgerufen, die das Aussehen und die Leistung der Faser produzierenden Tiere ausmachen.

Naturgemäß haben nicht alle Haare am Körper dieselben Funktionen und sind daher auch nicht gleich. Wollhaare sind mehr oder weniger für die klimatischen Faktoren zuständig, während die Grannenhaare eine Schutzfunktion ausüben – mechanisch oder auch z. B. Wasser abweisend. Auch die Verteilung am Körper ist von Bedeutung. Es macht in der Natur wenig Sinn an den Füßen extrem viele Haare zu haben, wenn die Tiere viel im Wasser stehen oder durch Schlamm laufen. Ein verschmutztes oder bis auf die Haut durchnässtes Haarkleid kann die ihm auferlegten Funktionen nicht mehr erfüllen. Unterschiedliche mechanische Beanspruchungen sind ein weiterer Faktor für die unterschiedlichen Qualitäten der Haare an den einzelnen Körperregionen.

Das Haarkleid von Neuweltkameliden wird daher auch nach der Qualität der Faser eingeteilt, wie es bei Faser produzierenden Tieren allgemein üblich ist. Die Regionen mit der besten Qualität sind der Rücken und die Seiten, das so genannte Blanket. Alles andere ist entweder von minderer Qualität oder gar Abfall und somit für eine Nutzung weniger oder nicht geeignet. Speziell bei Alpakas sind stark bewollte Köpfe ein momentanes Schönheitsideal, was mit einer Ertragssteigerung jedoch nichts zu tun hat.

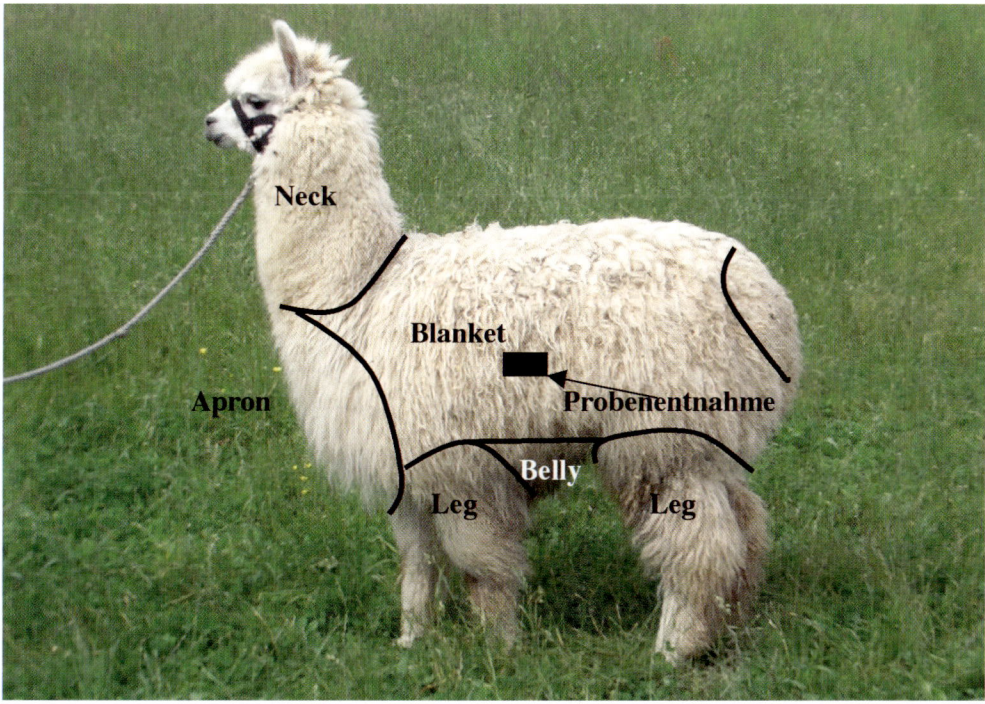

Einteilung der Faserqualitäten am Tier

Die Beurteilung des Vlieses hat maßgeblichen Einfluss auf die Zucht, da im Vlies der Wert des Tieres steckt. Dabei werden verschiedene so genannte „Vliesmarker" beurteilt. Dies sind im Wesentlichen der weiche Griff, der Crimp, der Glanz und die Länge und Ausrichtung der Faserbündel.

Innerhalb des Vlieses wird eine hohe Crimp-Amplitute bei niedriger Crimp-Frequenz angestrebt. Hohe Crimpfrequenzen sind gleichzusetzen mit langsamem Längenwachstum.

1.2 Faserbeurteilung und Faserverarbeitung

Der Umgang mit und die Produktion einer Naturfaser ist sowohl für den Hersteller hochwertiger Produkte als auch für den Züchter der Faser produzierenden Tiere eine stetige Herausforderung. Einerseits muss sich die Textilbranche auf die gelieferten Qualitäten einstellen, zum anderen müssen die Züchter versuchen, durch Selektion und Zucht den Ansprüchen der Industrie gerecht zu werden.

Die Hauptmerkmale eines Vlieses – Durchmesser der Fasern und Anzahl der Deckhaare – sind genetisch bedingt, wobei sich die Feinheit (Mikronzahl) mit zunehmendem Alter verschlechtert. Aber auch verschiedene äußere Einflüsse wie Klima und Fütterung haben durchaus Einfluss auf die Faserqualität.

Der zu erlösende Preis für die Rohwolle hängt neben der Feinheit des Vlieses auch von dessen Zustand ab. Der Zeitpunkt der „Wertschöpfung" beginnt aber nicht erst beim Verkauf des Vlieses, sondern schon vor der Schur.

Das Klima ist nicht beeinflussbar, aber bei der Fütterung sind erste Schritte für das nächste Vlies zu beachten.

Eine gleich bleibend gute Fütterung ist der erste Schritt für ein gesundes Wachstum der Faser. Heu und andere Raufuttermittel sollten vom Boden gefüttert werden oder aber aus Heuraufen, die eine Verschmutzung des Vlieses unmöglich machen. Starke Verunreinigungen durch Pflanzenreste im Bereich des Nackens sind nur schwer oder gar nicht zu beheben.

Der Stallboden sollte regelmäßig gereinigt werden und vor allem im Sommer ist darauf zu achten, dass sich die Tiere nicht in ihrem eigenen Kot und Urin wälzen um sich eine Abkühlung zu verschaffen. Dies führt unweigerlich zu starken Verunreinigungen des Vlieses.

Vor der Schur muss das Vlies gereinigt wer-

Häufig angewandte Methode bei Alpakas, die Schur am liegenden und gestreckten Tier

Im ersten Moment ein gewöhnungsbedürftiger Anblick – geschorene Tiere

den. Es ist zwar mühsam, letztendlich aber bares Geld wert. Eine große Hilfe sind die so genannten „Blower", mit deren Hilfe Verunreinigungen aus der Decke geblasen werden.

Bei der Schur ist darauf zu achten, dass möglichst kein Nachschnitt erfolgt und das Vlies sofort nach Qualitäten sortiert wird.

Zur Beurteilung der Rohwolle bedienen sich Aufkäufer eines relativ einfachen Verfahrens, welches aber einer nicht zu unterschätzende Erfahrung bedarf:

- Qualität der Faser
- Sauberkeit der Faser
- Zustand der Faser

Entsprechend dieser Gesamtbeurteilung erfolgt die Klassifizierung der Faser und damit auch die Einstufung in eine Preiskategorie. Diese wiederum richtet sich nach dem aktuellen Markt.

Faserbeurteilung der verarbeitenden Industrie

z. B. Frankengarn Arbeitsblatt zur Lama- und Alpakabewertung

A: Feinheit der Fasern
1 Pkt. – Unterhaar über 30μ und Deckhaare über 35μ
2 Pkt. – Unterhaar bis 30μ und Deckhaare bis 35μ
3 Pkt. – Unterhaar bis 28μ und Deckhaare bis 32μ
4 Pkt. – Unterhaar bis 26μ und Deckhaare bis 29μ
5 Pkt. – Unterhaar bis 24μ und Deckhaare bis 26μ
6 Pkt. – Unterhaar bis 22μ und Deckhaare bis 24μ
7 Pkt. – Unterhaar bis 20μ und Deckhaare bis 22μ

B: Länge der Fasern
1 Pkt. – unter 70mm
2 Pkt. – über 70mm und über 150mm
3 Pkt. – über 70mm und bis 150mm
4 Pkt. – über 90mm und bis 140mm
5 Pkt. – über 110mm und bis 130mm
geringe Mengen Nachschnitt ergeben 1 Punkt Abzug
größere Mengen Nachschnitt ergeben 2 Punkte Abzug

C: Sauberkeit und Zustand der Fasern
1 Pkt. – stark verschmutzt (Stroh, Kot, Filz, brüchige Fasern)
2 Pkt. – leicht verschmutzt (Grasteilchen, Sand, Staub)
3 Pkt. – sauber (frei von Verunreinigungen)
Bei Mottenbefall und zu hohem Anteil von Stroh, Kot, Filz oder brüchige Fasern wird die gesamte betroffene Positionen als Abfall mit 0 Punkten bewertet

Numerische Faserauswertung (A+B+C)
14 - 15 Pkt. – erste Qualität
12 - 13 Pkt. – gute Qualität
10 - 11 Pkt. – Durchschnittsqualität
8 - 9 Pkt. – mindere Qualität
5 - 7 Pkt. – schlechte Qualität
unter 5 Pkt. – Abfall

Bewertung vom:	01.02.2006			gez.:			
Anlieferer:							
Straße:							
PLZ:	Ort:						
Bank:			BLZ:		Konto:		

	Pos	1	2	3	4	5	6	7	8
	Farbe								
Feinheit	1								
	2								
	3								
	4								
	5								
	6								
	7								
Länge	1								
	2								
	3								
	4								
	5								
Sauberkeit	1								
	2								
	3								
Gesamtpunktzahl:									
	Kg:								

Auf dem internationalen Wollmarkt wird mit „Tops" gehandelt (gewaschene und kardierte Faser). Wichtigstes Kriterium für die verarbeitende Textilbranche ist die Feinheit der Haare. Die gebräuchlichen Bezeichnungen sind allerdings international nicht einheitlich. Zur Verdeutlichung seien hier einige Bezeichnungen mit den entsprechenden Durchmessern der Faser gegenübergestellt.

			Groupo Inca (Inca Tops)	Michell Group*
Huacaya Faser				
Super Fine < 20 μ	Royal Baby < 22 μ	Royal Alpaca < 19 μ	Royal 19–20 μ	Baby 20–22 μ
Fine 20,1–23 μ	Baby Alpaca 22,1–23 μ	Baby Alpaca 19–21,9 μ	Baby 22–23 μ	Superfine < 25,5 μ
Medium 23,1–27 μ	Superfine 23,1–26,5 μ	Fine Alpaca 22–25 μ	Superfine 25–26,5 μ	Adult 27,5 μ
Strong 27,1–32 μ	2. Wahl 26,6–31 μ	Adult Alpaca 25–30 μ	Huarizo 30–31 μ	Huarizo 32 μ
Extra Strong > 32 μ	3. Wahl > 31,1 μ	Coarse Alpaca > 30 μ	Adult 33–34 μ	Llama 34 μ
				Coarse 34–36 μ
Suri Faser				
			Baby Suri 23 μ	Baby 21–23 μ
			Suri 26–27 μ	Regular 25–27,5 μ
			Huarizo Suri 32 μ	Coarse > 30 μ
			Coarse Suri 34 μ	

* nach Hoffman: The Complete Alpaca Book

Klassifikationen für Alpakafasern verschiedener Anbieter

Nach der Qualität richten sich auch die Preise auf dem internationalen Markt. 2006 bis 2009 wurden für Alpaka Tops (gewaschen und kardiert) pro Kilogramm folgende Preise bezahlt (Quelle: Alphatops Geneva):

	2006	04/2008	04/2009
Baby	23 US $	23,5 US $	15 US $
Suri	18 US $	22 US $	15 US $
Superfine	13 US $	17,5 US $	12,5 US $
Coarse	7 US $	10,5 US $	9,5 US $
Stand: 2009			

Die Marktpreise werden in starkem Maße von Modetrends oder Wirtschaftskrisen beeinflusst. Die von den Erzeugern erzielten Preise liegen deutlich unter den Marktpreisen.

Die Verarbeitung der Lama- und Alpakafaser erfolgt zu Streichgarnen und Kammgarnen. Streichgarn ist das typische Strickgarn, voluminös und flauschig. Streichgarne können einen höheren Anteil kurzer Fasern beinhalten und die Ausrichtung der Fasern innerhalb des Garns ist nicht so streng parallel wie bei Kammgarnen.

Bei der Herstellung von Streichgarnen ist eine Elastizität der Fasern erforderlich, um beim fertigen Produkt eine Formstabilität zu erreichen. Diese Elastizität der Faser wird durch den Crimp erreicht. Unabhängig von vielen anderen Korrelationen, die im Zusammenhang mit dem Crimp diskutiert werden, beantwortet sich die Frage nach dem Crimp schon durch das Produkt selbst.

Crimp ist wichtig!

Ein zu geringer Crimp, wie in der Alpakazucht noch häufig zu sehen, ist auch der Grund, warum Alpakagarnen häufig noch Merinowolle beigemischt wird. Es ergibt sich dadurch eine größere Formstabilität der Endprodukte.

Ein weiteres Fazit: **Surifasern sind zur Herstellung von Streichgarnen nicht geeignet.**

Kammgarne sind im Gegensatz zu Streichgarnen feste, glatte Garne, die zur Herstellung von Stoffen geeignet sind. Es werden lange Fasern benötigt, kurze Fasern werden im Laufe des Herstellungsprozesses entfernt. Die Fasern werden durch kämmen („Kammgarn") extrem parallel gelegt und der Crimp teilweise entfernt. Das Kammgarn ist das klassische Produkt für Surifasern. Dieses Verfahren ermöglicht die Herstellung feinster Garne und entsprechender Produkte mit dem typischen Glanz der Surifaser.

Die aufwendige Herstellung hochwertiger Garne und Produkte der Luxusklasse verlangt entsprechende Rohstoffe. Auf dem internationalen Textilmarkt werden daher Rohwaren verlangt und auch angeboten, die noch wesentlich genauer als oben beschrieben in Schritten von 2 Mikron klassifiziert werden. Dies spiegelt sich im Endeffekt natürlich in der Qualität und im Preis der Produkte wider.

1.3 Alternative Verwertung der Alpakafaser

Fehlende Mengen gleicher Qualität und Farbe von in Europa produzierten Fasern sind die Gründe, dass eine industrielle Faserverarbeitung zumindest in Deutschland derzeit nicht rentabel funktioniert. Dem fertigen Produkt steht ein nicht finanzierbarer Aufwand gegenüber, angefangen von der Organisation der Sammelstellen, der Beurteilung und Sortierung der Faser und letztendlich der Produktion von Endprodukten selbst. Was bleibt ist die alternative Verwertung der Fasern.

Eine alternative Verarbeitung von Fasern ist gleichzusetzen mit einem hohen Maß an teurer Handarbeit und beschränkt sich daher in der Regel auf kleine Mengen, die für den eigenen Gebrauch verarbeitet werden. Die Handarbeit beginnt mit dem Waschen und dem Kardieren (Kämmen) und endet mit der Herstellung individueller Produkte aus handversponnener Wolle oder Filz. Zahlreiche Publikationen weisen Schritt für Schritt[14] den Weg zum Endprodukt.

Eine weitere Alternative ist die Herstellung eigener Betten. Auch hier ist die Verarbeitung kleiner und kleinster Mengen Wolle möglich, da die Sortierung nach Farben und Qualitäten entfällt.

Handspinnen mit dem Spinnrad

Dass nicht alles reine Handarbeit sein muss, versteht sich von selbst. Insbesondere für das Waschen und Kardieren der Rohwolle sind Maschinen auf dem Markt, die in der Lage sind,

Hausschuhe aus Alpakafilz und Alpakastrickwolle

Zum Färben eignet sich nur weiße Wolle

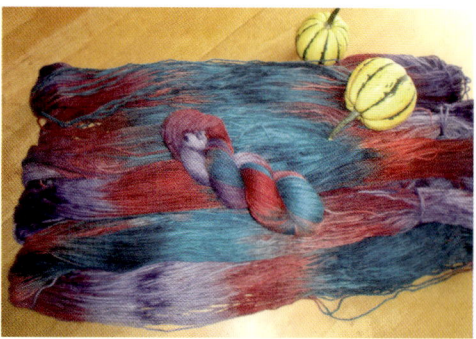

auch kleine Mengen zu bearbeiten. Es bereitet zwar Mühe, regionale Anbieter von Dienstleistungen auf dem Sektor der Wollverarbeitung zu finden, aber es lohnt sich. Oft können örtliche Schafhalter oder die Kursleiter entsprechender Handarbeitskurse weiterhelfen.

1.4 Zuchtziele und Zucht von Faser produzierenden Neuweltkameliden

Dass viele Wege nach Rom führen, ist ein altbekanntes Sprichwort und dieses Sprichwort gilt auch für die Tierzucht. Gleichgültig ob eine herkömmliche Zucht betrieben wird, eine Linienzucht mit all ihren Risiken oder ob „neue" Zuchtmethoden zum Einsatz kommen, es müssen immer Zuchtziele definiert werden.

Unabhängig von den allgemeinen Zuchtzielen, wie zum Beispiel ein absolut korrekter Körberbau, Langlebigkeit oder eine gute Aufzuchtleistung der weiblichen Tiere liegen die Zuchtziele für Faser produzierende Tiere schwerpunktmäßig in der Erhöhung des Faserertrages und der Verbesserung der Faserqualität. Im Einzelnen sind folgende Faktoren zu beachten und zu verbessern:

- Feinheit der Fasern (Mikron) – die ideale Mikronstärke liegt nach Aussage der Faser verarbeitenden Industrie bei etwa 18–22 Mikron. Feinere Faserstärken bedürfen einer besonderen Verarbeitung, um die Exklusivität voll zur Geltung zu bringen. Sie werden zwar angestrebt, sind aber bisher wohl die Ausnahme.
- Angleichung des Faserdurchmessers der Deckhaare an den Durchmesser der Wollhaare
- Erhöhung der Anzahl der Sekundärfollikel und dadurch eine Reduktion der Grannenhaare im Vlies. Verbunden damit ist ein dichtes Vlies.
- ein schnelleres Längenwachstum

Dies alles sind Faktoren, die den Ertrag und die Qualität und damit die Rentabilität steigern.

1.4.1 Allgemeine oder „konventionelle" Zuchtmethode

Die konventionelle Zucht von Neuweltkameliden als Faserproduzenten berücksichtigt bei der Zuchtauswahl verschiedene Aspekte, die zu einem Gesamturteil führen:

- ❖ die Beurteilung des Exterieurs (Körperbau)
- ❖ die Beurteilung der Haare
  - subjektiv durch die Beurteilung der Faserverteilung am Tier und Dichte des Vlieses
  - objektiv/labortechnisch auf Feinheit und Vorhandensein von medulierten Fasern und Primärfasern
- ❖ tiermedizinische Aspekte, wozu auch mögliche genetische Defekte zählen

Bei der Beurteilung des Exterieurs bedienen sich die Verbände entweder des im anglo-amerikanischen Sprachraum verbreiteten „screening" oder der in der europäischen Tierzucht weit verbreiteten linearen Beschreibung.
Beide Verfahren stellen im Prinzip eine phänotypische Beurteilung der Zuchttiere dar.
Die lineare Beschreibung spiegelt eine Momentaufnahme des Tieres zum Zeitpunkt der Beschreibung wider, unabhängig von jeglicher Art der Beurteilung. Die Beurteilung der Tiere erfolgt auf der Basis dieser Beschreibung unter Berücksichtigung aller Faktoren wie Alter, Geschlecht etc. und den Vorgaben der Verbände. Zwingend notwendig bzw. Voraussetzung für die Beurteilung auf der Basis der linearen Beschreibung ist ein Standard – das Idealtier.
Bei dieser Art der Beurteilung kann neben den verschiedenen Faktoren auch die Nutzung eines Tieres mit berücksichtigt werden. Am einfachsten wird dies deutlich bei der Gegenüberstellung von Alpakas und Classic Lamas. Der Beschreibungsbogen für beide Tiere ist identisch. Während beim Alpaka der Schwerpunkt aber eindeutig im Bereich der Faserproduktion liegt, verschieben sich die Schwerpunkte beim Classic-Lama zugunsten des Fundamentes und des Körperbaues. Diese Beurteilung ergibt sich aus der Nutzung der Tiere: Produzenten feinster Faser oder Lastenträger.
Für Alpakas und Wooly-Lamas ist bei der derzeit üblichen Zuchtauswahl zur endgültigen Beurteilung des Tieres ein Faserhistogramm unerlässlich. Es gibt dem Tierhalter objektive Informationen an die Hand, auf Grund derer eine Zuchtauswahl erfolgen kann.

Lineare Beschreibung

Zitiert nach: Ivo Gasser (2006): Das neue Herdbuch für Neuweltkameliden. Lamas, Sommer 2006

„Die lineare Beschreibung dient der Erfassung und Dokumentation der Exterieur-Eigenschaften eines Neuweltkameliden nach europäischem Standard.

Es werden zwölf Eigenschaften beschrieben:
vier Positionen zum Körperbau ①, fünf zum Fundament ② und drei zur Bewollung ③.
Die Bewertung erfolgt mit den Werten von 1 bis 9 ④, wobei die Werte 1 und 9 die Extreme der jeweiligen Eigenschaften ⑤ darstellen. Beim Körperbau und Fundament ist das Ideal ⑥ in den meisten Fällen die 5. Bei der Bewollung von Wooly Lamas und Alpakas ist die Idealnote die 9, beim Classic-Lama die 1.
Bei den drei Blöcken Körperbau ①, Fundament ② und Bewollung ③ werden jeweils die Differenzen zwischen den Bewertungen ④ und dem Ideal ⑥ als Fehlerpunkte von der maximal erreichbaren Punktzahl (100) abgezogen und mit einem Faktor ⑧ gewichtet.
Zum Beispiel Wooly: Körperbau Faktor 30, Fundament Faktor 40, Bewollung Faktor 30 .
Die beiden großen Blöcke ⑦ auf der rechten Seite beinhalten vor allem Fehler, welche genetisch, also vererblich sind. Weist ein Tier eines dieser Merkmale auf, wird dies durch Punkte dokumentiert ⑪. Diese Ziffern können nicht mit einer Idealnote verglichen werden, sondern werden direkt von der maximal erreichbaren Punktzahl abgezogen und mit denselben Faktoren gewichtet.
Die drei Teilresultate ⑨ werden zum Endresultat ⑩ addiert."

BESCHREIBUNGSBOGEN - NEUWELTKAMELIDEN

Halter / Betrieb:
Name: **Blacky** Art: Art: **Wooly** Typ:
Farbe: **schwarz** Hauptfarbe (ARI): **500** Register:
Farbverteilung: **uni** Augenfarbe: **dunkel** Micro-Chip Nr.:
Bes. Kennzeichen: Herdbuch Nr.:
Geb. Datum: Grösse: Gewicht: [X] männl. [ ] weibl. [ ] kastriert

① Körperbau

	1		9	ideal
Rückenlinie	5	Senkrücken	Karpfenrücken	5
Beckenstellung	5	abfallend	ansteigend	5
Beckenbreite	6	eng	breit	6
Körpertiefe	5	wenig	viel	6

Schwanzansatz	hoch / tief		Beine zu Körper	lang / kurz	
Schwanz	geknickt		Zähne	unregelmässig	
Schwanzhaltung	krumm	7	Kiefer	Vorbiss [X] / Rückbiss	
Brust	breit / eng		Hals zu Körper	lang / kurz	
Körper	lang / kurz		Ohren	Alpaca / Lama	

② ④ ⑤ ⑥ ⑪ ⑦ ⑧ 30 **27,6** ⑨

Fundament

Beinstellung vorne	5	bodeneng	bodenweit	5
Beinstellung hinten	5	bodeneng	bodenweit	5
Fesseln vorne	6	steil	durchtrittig	5
Fesseln hinten	8	steil	durchtrittig	5
Gliedstärke	4	fein	stark	5

vorder Bein	X-Bein [X] / O-Bein	5	Achsdrehung hinten		
hinter Bein	X-Bein / O-Bein		Zehenverlauf		
Stand vorne	vorständig / rückständig		Zehennägel		5
Stand hinten	vorständig / rückständig		Bewegungsablauf	Schritt nicht koordiniert	
Achsdrehung vorne			Beinwinkelung	vorne / hinten	

⑧ 40 **28** ⑨

③ Bewollung

Körper	8	wenig	viel	9
Kopf	8	wenig	viel	9
Beine	7	wenig	viel	9

| Surilocke | ja / nein | |
| Vliesdichte | dicht / offen [X] | 1 |

⑫ ⑧ 30 **28,5** ⑨

Total ⑩ **84,1**

Wollprobe entnommen am:

Tiere die folgende Fehler aufweisen werden nicht ins Herdbuch aufgenommen:
Vielzehigkeit, verwachsene Zehen, Kryptorchismus (Hoden nicht im Hodensack, ein- oder beidseitig), extrem grosse Klitoris, Hernien, Blindheit, Taubheit, Ohrmissbildungen, Gesichtsform verdreht ("wry face"), extreme Kieferfehlstellungen, sonstige Missbildungen, blaue Irispigmentation verbunden mit weissem Fell, Nabelbruch, Hengste und Stuten nicht vier Zitzen.

Bemerkungen:

Ort, Datum: Beschreiber:
Unterschrift: Datenerfassung:

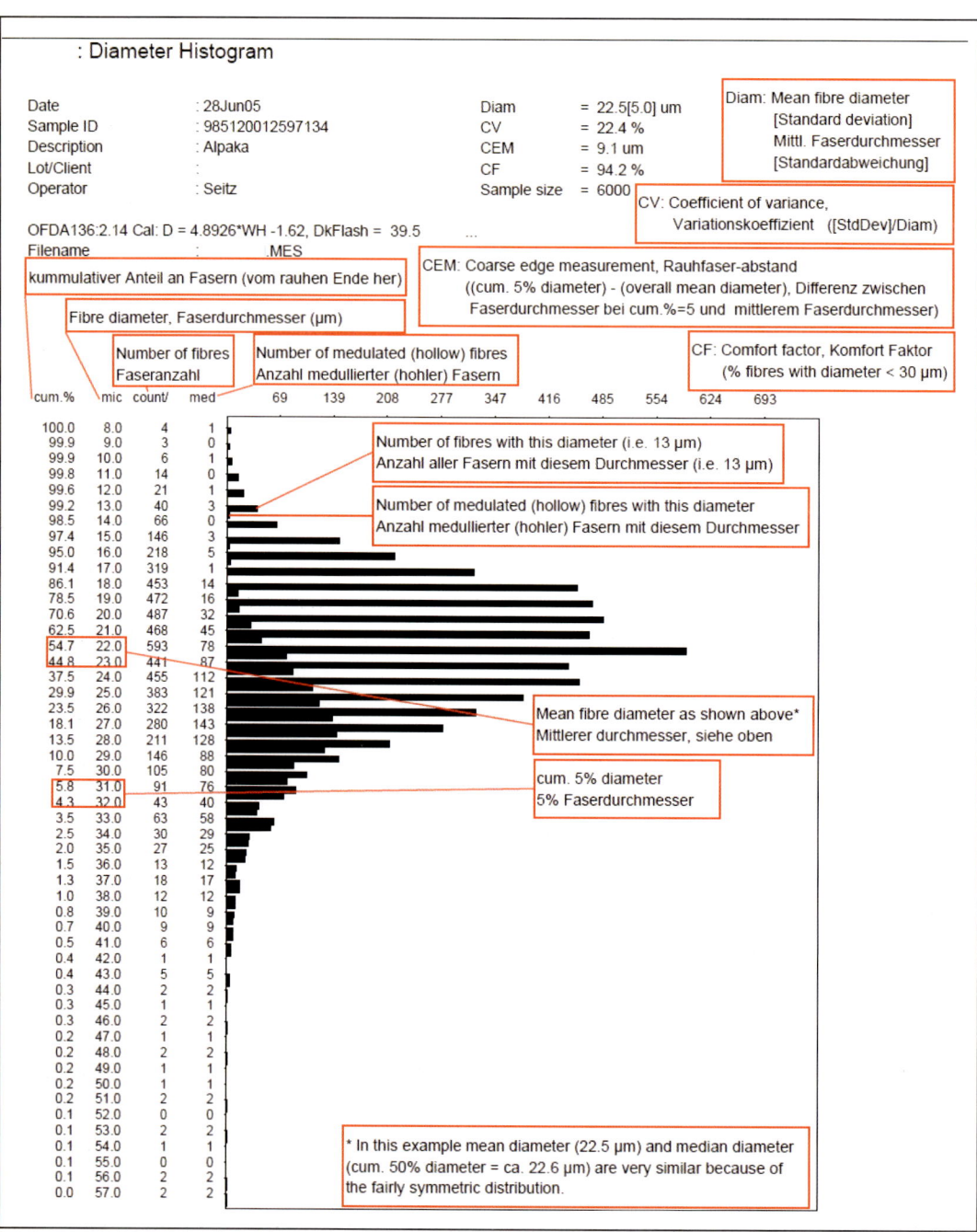

Faserhistogram (Wolllabor: Universität Hohenheim)

> **Faserhistogram**
>
> Wie in einem der vorigen Abschnitte beschrieben, ist die Faserqualität nicht an allen Körperregionen gleich. Um verlässliche Aussagen treffen zu können und um vor allem Vergleiche anstellen zu können ist es notwendig, die Faserproben immer an der gleichen Stelle des Blankets zu entnehmen. Diese befindet sich an der seitlichen Brustwand auf Höhe des Ellbogens.
> Für die Analyse selbst können verschiedene Methoden und Geräte zur Anwendung kommen. Daher ist es auch notwendig, möglichst immer dasselbe Labor zu konsultieren. Die dort ermittelten Daten geben dem Züchter und auch der Industrie wertvolle Daten an die Hand. Neben den entscheidenden Messdaten – Diam = durchschnittlicher Durchmesser der Faser/Standardabweichung und dem Komfortfaktor (CF) kann anhand der Grafik auch festgestellt werden, wie hoch der Anteil an medulierten (hohlen) Fasern ist.

1.4.2 SRS®-Zuchtmethode

Eine weitere Methode zur Zucht wird derzeit heftig diskutiert und teilweise praktiziert, die SRS®-Methode (Soft Rolling Skin®-Zuchtsystem).

Im Gegensatz zu herkömmlichen Zuchtmethoden, die als Ziel die Faserfeinheit favorisieren und eine entsprechende Zuchtauswahl treffen, legt dieses Zuchtsystem keinen primären Wert auf Faserfeinheit bzw. -histogramme, sondern trifft die Auswahl der Zuchttiere nach Dichte und Längenwachstum der Fasern. Hierzu bedient es sich visueller Methoden und in letzter Konsequenz im Premiumbereich der histologischen Untersuchung einer Hautprobe auf Follikeldichte und Follikelanordnung. Es wird gezielt versucht, den wirtschaftlichen Wert der Tiere durch ein schwereres Vlies pro Schur verbunden mit einem rascheren Vlieswachstum zu erhöhen. Angestrebt wird eine zweimalige Schur pro Jahr.

Der Erfolg dieser Zuchtmethode basiert unter anderem auf der Tatsache, dass eine höhere Dichte

- die Zahl der Primärfollikel reduziert,
- eine Zunahme der Sekundärfollikel bedeutet,
- den Durchmesser von Primär- und Sekundärfasern verringert.

Die Dichte des Vlieses steht in enger Korrelation zum „Charakter" des Vlieses, das heißt zur Tiefe und Gleichmäßigkeit des Crimps oder beim Suri-Alpaka der Locke **im Stapel**. Ein guter Charakter bedeutet eine gleichmäßige Ausrichtung der Fasern und damit der Sekundärfollikel in der Haut.

Die Selektion nach Charakter des Vlieses und Längenwachstum führt zur Verbesserung der Dichte und gleichzeitig zur Verbesserung des Faserdurchmessers.

1.5 Naturfarben und Farbverteilung bei Alpakas und Lamas

Die Palette der natürlich vorkommenden Farben reicht von Schwarz über Grau und Braun bis Weiß mit allen denkbaren Schattierungen. Es werden bis zu 30 verschiedene Naturfarben bei Alpakas unterschieden. Weit verbreitet ist die Einteilung in 16 bzw. 22 Naturfarben, wie sie von den beiden international führenden Alpakazuchtverbänden (ARI und AAA) vertreten werden.

z. B.	Alphatops	14 Farben
	ARI (NWK, VLAS, LARA)	16 Farben
	AAA (AZVD)	22 Farben
	Inca Tops	28 Farben
	Michell	30 Farben

ARI Farben:				
Whites		100	W	White
		201	B	Beige
Fawns		202	LF	Light Fawn
		204	MF	Medium Fawn
		205	DF	Dark Fawn
Browns		209	LB	Light Brown
		301	MB	Medium Brown
		410	DB	Dark Brown
Blacks		360	BB	Bay Black
		500	TB	True Black
Silver Greys		401	LSG	Light Silver Grey
		402	MSG	Medium Silver Grey
		404	DSG	Dark Silver Grey
Rose Greys		408	LRG	Light Rose Grey
		211	MRG	Medium Rose Grey
		306	DRG	Dark Rose Grey

Natürlich vorkommende Farben bei Alpakafaser (ARI)
Achtung: Aus drucktechnischen Gründen ist eine 100-prozentige Farbwiedergabe leider nicht möglich!

Die meisten Alpakazuchtverbände akzeptieren lediglich einfarbige Tiere mit einer gleichmäßigen Farbverteilung. Hintergrund dieser Zuchtrichtlinie ist die optimale Nutzung des Tieres als Faserlieferant. Eine aufwendige Sortierung der Wolle nach der Schur und damit verbundene Verluste werden so vermieden.

Nichtsdestoweniger kommen auch zweifarbige Tiere vor. Die Farbbeschreibung dieser Tiere erfolgt nach dem Schema:
- vorherrschende Grundfarbe
- zweite Farbe
- Farbverteilung

Die Beschreibung des Verteilungsmusters erfolgt dabei nach alten überlieferten Mustern, welche die Grundlage der meisten Verbände darstellen.

Verteilungsmuster der Farben bei mehrfarbigen Tieren mit Originalbezeichnungen (Flores Ochoa, 1988)

1.6   GENETIK DER FARBEN

Das Erbgut von Cameliden ist in 37 Chromosomenpaaren gespeichert. Zum genetischen Erbgut der Neuweltkameliden gehören auch die Farben und die Farbverteilung. Kompliziert wird die Genetik der Farben durch die Tatsache, dass die Farben von mehr als einem Gen (bei der Maus z. B. von mehr als 50 Genen) auf mehr als einem Chromosom beeinflusst werden. Daraus ergibt sich eine enorme Anzahl an Kombinationsmöglichkeiten, auch ohne Berücksichtigung bestimmter Eigenschaften mancher Gene (Allele). Einige Allele verhalten sich dominant gegenüber anderen und nicht zuletzt können Allele eines bestimmten Locus dominant gegenüber Allelen eines anderen, benachbarten Locus sein. Diese komplizierten Zusammenhänge sind bei Neuweltkameliden noch weitestgehend unerforscht.

Die meisten Aussagen zur Genetik der Farben sind rein spekulativ oder basieren auf der statistischen Auswertung von Zuchtbüchern. Auf solchen Statistiken basieren z. B. alle Vorhersagen zu den möglichen Farben bei der Anpaarung von Elterntieren verschiedener Farbschattierungen. Die Fehlerquoten sind noch relativ hoch, da die Zuchtbücher im Vergleich zu anderen Nutztieren noch relativ jung sind und damit sowohl die Zahl der Individuen als auch die Zahl der Generationen noch relativ klein sind. Zudem ist der genetische Hintergrund der meisten Elterntiere (homozygot = reinerbig oder heterozygot = mischerbig) unbekannt.

Beschränken wir uns daher auf einige wenige bewiesene Fakten und einige Grundsätze der Genetik.

Alle Farben bzw. Farbschattierungen lassen sich auf drei Grundfarben oder zwei Farbpigmente zurückführen:

    Weiß   – kein Pigment
    Schwarz – Eumelanin
    Rot   – Phaeomelanin

Hauptsächlich aus der Pferdezucht sind verschiedene Genlokalisationen (Loci) bekannt, die diese Pigmente so beeinflussen, dass daraus die uns bekannten Farben entstehen. Da die gleichen Loci auch aus anderen Tierzuchten bekannt sind, müssen wir davon ausgehen, dass diese Gesetzmäßigkeiten auch für die Zucht von Neuweltkameliden gelten.

Bekanntester Locus ist der Locus A, benannt nach einem südamerikanischen Nagetier, dem Agouti. Er wirkt auf die Verteilung des Pigments im Haar und mischt rotes Pigment unter schwarzes Pigment. Ergebnis ist ein Braun in allen Schattierungen von hellem Rotbraun bis zu dunklem Schwarzbraun.

Einige der derzeit bekannten Loci sind:

    Locus A (Agouti): mischt rotes Pigment unter schwarzes Pigment
    Locus B (Black): Farbänderung im Eumelanin (schwarz – braun)
    Locus D (Dilution = Verdünnung): Verwässerung (schwarz – grau)
    Locus E (Extension = Ausdehnung): Verbreitung von Eumelanin
    Locus Rn (Roan/Rouan): weißes Haar in einer Grundfarbe
    Locus W (White): weiße Fellfarbe, verhindert eine Pigmentierung der Haare

Unter dem Einfluss dieser und verschiedener weiterer Gene und der Tatsache, dass es mehr als ein Allel pro Locus gibt (z. B. sind vom Locus A vier Allele bekannt A+>A>at>a) lassen sich alle Farbschattierungen genetisch ableiten. Die genauen Zusammenhänge bei Neuweltkameliden sind aber wie schon erwähnt weitestgehend unbekannt.

Bewiesen jedoch scheint die Tatsache zu sein, dass die „Farbe" Weiß dominant gegenüber Schwarz ist. Am Beispiel der Verpaarung eines weißen Tieres mit einem schwarzen Tier lassen sich einige Grundlagen der Vererbung darstellen.

In allen Zellen sind die Chromosome und damit auch die Allele paarweise angeordnet. Eine Ausnahme bilden Spermien und Eizellen. Sowohl vom Hengst als auch von der Stute wird daher nur ein Allel weitergegeben. Dominante Allele werden mit Großbuchstaben, rezessive Allele mit Kleinbuchstaben abgekürzt (W = dominantes weißes Allel, b(lack) = rezessives schwarzes Allel). Die Auswahl der Allele ist zufällig, jede nur mögliche Paarung daher in Betracht zu ziehen.

a)

Stute \ Hengst	W	W
b	Wb	Wb
b	Wb	Wb

Bei der Paarung eines reinerbigen weißen Hengstes mit einer reinerbigen schwarzen Stute ist die einzige Möglichkeit ein weißes (mischerbiges oder heterozygotes) Fohlen (Abb. a). Ist der weiße Hengst jedoch nicht reinerbig sondern mischerbig mit schwarz ist das Ergebnis der Verpaarung: 50 % mischerbig weiß und 50 % schwarz (Abb. b).

b)

Stute \ Hengst	W	b
b	Wb	bb
b	Wb	bb

Um die ganze Komplexität zu erläutern, sei noch das Ergebnis einer Verpaarung zweier mischerbig weißer Tiere dargestellt: 25 % reinerbig weiß, 50 % mischerbig weiß und 25 % reinerbig schwarz (Abb. c).

c)

Stute \ Hengst	W	b
W	WW	Wb
b	Wb	bb

An diesem Beispiel mit nur einem Gen ist zum einen deutlich zu erkennen, wie weit der Phaenotyp vom Genotyp abweichen kann, und es ist leicht vorstellbar, wie groß die Variationsmöglichkeiten sind, wenn mehr als ein Gen die Farbe beeinflusst.

Die derzeitige genetische Forschung konzentriert sich auf das Phänomen der blauäugigen weißen Tiere, da die Kombination aus weißer Fellfarbe und blauen Augen offensichtlich auch mit Taubheit gekoppelt sein kann.

Während in anderen Ländern diesem Phänomen von züchterischer Seite weniger Beachtung geschenkt wird – vor allem vor dem Hintergrund, dass eine Eliminierung der dafür verantwortlichen Gene nicht möglich ist bzw. nicht gewünscht wird – ist diese Tatsache in Deutschland tierschutzrelevant.

Prinzipiell geht die Diskussion von zwei Theorien aus:
- dem Einfluss des aus der Hundezucht bekannten Merle-Gens (E. Paul)
- dem Einfluss eines „White Spot"-Gens

E. Paul stützt ihre Theorie vor allem auf die Tatsache, dass in ihren Untersuchungen eine Verknüpfung existiert zwischen grauen Alpakas und dem Auftreten blauäugiger weißer Tiere. Dabei geht sie von der allgemeinen Theorie aus, dass das Merle Gen (M) ein unvollkommen dominantes Gen ist und graue Tiere die Kombination Mm besitzen. Blauäugig weiße Tiere (BEW = blue eyed whites) sind demzufolge homozygote Merle-Tiere (MM). Allerdings lässt sie in ihren Überlegungen den Einfluss eines White-Spot Gens offen (additiver Effekt).

Die zweite, wenn auch ähnliche Theorie geht von einem „White Spot" Gen aus, welches in verschiedenen Varianten (Allele) auftritt (wenige weiße Flecken, Pintos, white faced Tiere, usw). Auch bei diesen Untersuchungen wird ein Zusammenhang mit grauen (melierten) Tieren (Rn – Roaning Gen) vermutet. Die meisten grauen Tiere tragen auch das White Spot Gen in sich (White faced Tiere). Das Roaning Gen ist folglich keine Variante des White Spot Gens, sein Locus liegt aber so dicht am Locus des White Spot Gens, dass eine gegenseitige Beeinflussung stattfindet. Blauäugige weiße Tiere werden genotypisch definiert als W/Rn (White Spot Gen – Roaning Gen).

Die geringere Anzahl der tatsächlich geborenen blauäugig weißen Tiere gegenüber der mathematischen Wahrscheinlichkeit begründet Paul mit einem Letalfaktor. Dieser ist sowohl aus der Hundezucht mit Merle-Genen bekannt, als auch aus der Pferdezucht beim Roaning-Gen (RnRn).

Fazit für die Praxis: Tiere, die genotypisch das White Spot Gen und/oder das Roaning Gen tragen, sollten nur mit einfarbig dunklen, also nicht weißen Tieren angepaart werden, um das Risiko auszuschließen, blauäugig weiße Tiere zu züchten.

Literatur Kapitel 1:

Grupo inca	www.grupoinca.com
Inca Tops	www.incatops.com
Michell	www.michell.com.pe
Alphatops	www.alphatops.com
Incalpaka	www.incalpaca.com

(1) BEYER DE BEHAUX O.: Die Farben und ihre Vererbung. http://obdb.free.fr/articles/farbvererbung.htm

(2) GERKEN M. (1997): Leistungen und Produkte. In: Gauly M. (Hrsg.), Neuweltkameliden, Parey, Berlin

(3) HEROLD P. und VALLE ZARATE A. (2006): Übersicht über verschiedene Methoden zur Analyse der Faserqualität. Lamas, Herbst 2006

(4) HICKS J. (2006): Zucht auf echte Dichte und Länge bei durchgezüchteten Alpakas. Alpaca Post, Jan. 2006

(5) HICKS J. (2009): Alpakas züchten für das 21. Jahrhundert. AllesPaka, 1+2/2009, 1/2010

(6) HOLT C. (2007): Ist Crimp wichtig? Teil 1. AllesPaka 1/2007

(7) HOLT C. (2008): Ist Crimp wichtig? Teil 2. AllesPaka 2/2008

(8) MERRIWETHER D.A. und MERRIWETHER A.M. (2003): Alpaca Color Genetics. Alpacas Magazine, Sommer 2003

(9) MERRIWETHER D.A. und MERRIWETHER A.M. (2003): Alpaca Color Genetics: The Genetics of White Markings. Alpaca World, Herbst 2003

(10) MERRIWETHER D.A. und MERRIWETHER A.M. (2004): Blue Eyed Whites. Alpaca Journal Volume 2, Issue 1

(11) PAUL E. (2003): The Alpaca Color Key, Erehwon Alpacas.

(12) PAUL E. (2005): Color Genetics. Alpaca World, Frühjahr 2005

(13) PAUL E. (2005): Blue-Eyed Whites. Alpaca World, Sommer 2005

(14) SÄLINGER S. (2009): Verarbeitung der Alpaka- und Lamawolle, Teil 1–3, Lamas Frühjahr, Sommer, Herbst 2009

(15) SCHMID S. (2006): The value chain of alpaca fiber in Peru, an economic analysis. Zürich, Master thesis

(16) SPONENBERG P. (2001): Some Educated Guesses on Color Genetics of Alpacas. The Alpaca Registry Journal, Vol IV, No 1, Herbst 2001

(17) TILLMANN A. und TILLMANN CH. (2006): Surface Scanning Electron Microskopy of Suri Alpaca Fiber and other Members of the Camel Family. Alpacas Magazine, Frühjahr 2006

(18) WATTS J.: Skin testing, an essential service for the Alpaca breeder. www.srsalpaca.com

(19) WATTS J. (2009): Die Anwendung der SRS®-Zuchtmethode auf Alpakas. AllesPaka, Feb. 2009

(20) WATTS J. und HICKS J. (2005): Breeding True Density & Length in advanced Alpacas. www.alpacaaus.com.au

2 Trekking und andere Freizeitaktivitäten
K. Finkenzeller

Der Transport von Lasten mit Lamas hat eine lange Tradition, deren Anfänge bei den Inkas und deren Vorgängerkulturen zu suchen sind. Auf dem Höhepunkt der Inkakultur, als Francisco Pizarro 1532 n. Chr. das heutige Peru erreichte, erstreckte sich der Einfluss der Inkas auf weite Teile des heutigen Peru, Ecuador, Kolumbien und Nordchile bis hinein nach Argentinien. Dort hatten sie ein gut ausgebautes Wegenetz angelegt. Es war viele tausend Kilometer lang und diente ihnen zur Überwachung ihres Staatsgebietes und zum Transport von Waren im Land. Pferde und Maultiere waren in ganz Amerika vor der Ankunft der Europäer unbekannt und konnten somit zur damaligen Zeit auch nicht als Lasttiere dienen. Diese Aufgabe übernahm das einheimische Lama. Auf ihren Rücken transportierten die Lamas Jahrhunderte lang Salz, Gewürze, Getreide, Eis aus den Gletschergebieten und andere Güter in abgelegene Dörfer der Anden. Bis heute werden Lamas in Peru und Bolivien noch dafür verwendet, um Gebiete, die mit modernen Transportmitteln nicht erreichbar sind, zu beliefern. Oft begegnet man Indios, die mit ihren Lamas Waren zum Markt in die Städte transportieren.[7]

Außerhalb ihrer Ursprungsländer werden diese Eigenschaft der Lamas im Bereich der Freizeitgestaltung genutzt. „Trekking" als Freizeitausgleich wird immer beliebter.

Damit sind die Möglichkeiten des Einsatzes von Lamas und Alpakas aber bei weitem nicht ausgeschöpft. Obwohl oder gerade weil die Neuweltkameliden immer noch besondere,

Traditioneller Warentransport mit Lamas in den Anden

„exotische" Tiere sind, werden eine Vielzahl von Aktivitäten mit diesen Tieren angeboten:
- Trekking und Wandern mit Lamas
- Kindergeburtstagsfeiern
- Erlebnistage
- „Lamaführerschein"
   (Kinder lernen den richtigen Umgang mit Lamas und Alpakas)
- Betriebsausflüge
- Führungskräfte-Coaching

und viele andere, nicht zuletzt auch professionelle Angebote im Bereich der Therapie und Pädagogik:
- AAA: animal assisted activities
- AAT: animal assisted therapy (siehe Kapitel 3)

Die Angebotspalette lässt sich natürlich beliebig erweitern. Sie ist von Anbieter zu Anbieter unterschiedlich und abhängig von seinem Umfeld, seinen Qualifikationen, seiner Fantasie und nicht zuletzt von der vorhandenen Infrastruktur.

2.1 Tiergestützte Aktivitäten mit Lamas und Alpakas

Tiergestützte Aktivitäten (AAA) bieten vielfältige Möglichkeiten für motivierende, unterrichtende, rehabilitierende, und/oder therapeutische Maßnahmen um die Lebensqualität zu verbessern. AAA werden in einer Vielzahl von Umgebungen von speziell dafür trainierten Profis und/oder Freiwilligen zusammen mit Tieren angeboten, die für die jeweilige Situation – z. B. Besuche am Krankenbett – die notwendigen Voraussetzungen erfüllen. Lamas und Alpakas eignen sich besonders in Bereichen der sozialen Kompetenz und der Motorik.
Im Mittelpunkt von tiergestützten Aktivitäten steht die Mensch-Tier-Beziehung. Dieselben Aktivitäten können beliebig oft und mit den unterschiedlichsten Menschen durchgeführt werden, anders als Therapieprogramme, die individuell auf eine bestimmte Person oder einen bestimmten Gesundheitszustand zugeschnitten sind.[12]

2.2 Lamatrekking

Wenn wir hier von Lamawandern oder Lamatrekking sprechen, meinen wir immer beide Aktivitätsformen. Dabei unterscheiden wir zwischen:

- „echtem", mehrtägigem Trekking;
- 1-tägigen Wanderungen oder Touren;
- Halbtageswanderungen;
- kurzen, nur ein- oder zwei Stunden dauernde Wanderungen, die häufig als Schnuppertouren bezeichnet werden.

Diese Vielfalt des Lamatrekkings bzw. -wanderns wird heute fast in jeder Region angeboten. Für die Wanderer bedeutet die Teilnahme an diesen Veranstaltungen Zeit, Tiere und Natur gemeinsam bewusst zu erleben und Entspannung zu finden. Was zurück bleibt, ist ein unvergessliches Erlebnis.[3]

Zum besseren Verständnis gilt es zunächst die Begriffe Wandern und Trekking zu betrachten.

Unter Wandern verstehen wir die mehr oder weniger „zweckfreie" Bewegung in der freien Natur. Strecken und Wege sind vorgegeben, gepflegt und gekennzeichnet.[14]

Unter Trekking verstehen wir das Zurücklegen einer längeren Strecke mit Gepäck, über einen längeren Zeitraum und weitestgehend unter Verzicht auf vorhandene Infrastrukturen. Trekkinggebiete zeichnen sich durch Zivilisationsfremde aus.[13] Insofern ist echtes Trekking bei uns im Gegensatz zu manchen nordischen Ländern oder Amerika[11] kaum noch möglich.

Die Schnittstelle zwischen Wandern und Trekking sind mehrtägige Wanderungen von Unterkunft zu Unterkunft oder in den Bergen von Hütte zu Hütte. Es gibt in den Alpen eigens dafür eingerichtete und markierte Wanderwege, z. B. den Nordalpenweg, der von Bregenz entlang der Nördlichen Kalkalpen durch Vorarlberg, Tirol, Salzburg, bis zum Neusiedlersee führt.

Lamawanderung durch den Herbstwald

▲ Touren im Hochgebirge (Dolomiten) fordern von Mensch und Tier Höchstleistungen

◄ Trekkingtour durchs Alpenvorland

Im August 2009 startete ein Projekt, bei dem diese Art des Wanderns mit Lamas von München nach Venedig erfolgreich umgesetzt wurde.

Beim modernen Lamatrekking steht nicht der Versorgungsnutzen im Vordergrund, sondern die Verwendbarkeit des Lamas im Rahmen von Freizeitaktivitäten. Im Mittelpunkt des Lamatrekkings sollten daher vor allem die Nähe zu den Tieren sowie der Kontakt zu ihnen

und die Fürsorge und Verantwortung für sie während der Wanderung stehen. Das Tragen von Lasten ist ein positiver Nebeneffekt.[8]

Das Lama-Trekking ist unabhängig von den Jahreszeiten und wird von vielen Veranstaltern im Sommer und im Winter gleichermaßen angeboten. Gerade im Winter stellt das Lamatrekking eine herrliche Alternative zu anderen Freizeitaktivitäten dar. Unsere Winter werden immer schneeärmer, was dazu führt, dass die klassischen Wintersportarten immer schwieriger und kostspieliger auszuüben sind. Lamas und Alpakas fühlen sich gerade im Winter, bei Temperaturen um den Gefrierpunkt sehr wohl. Diese Tatsachen machen Lamatrekking in der kalten Jahreszeit sinnvoll.[10]

2.3 Auswahl der Tiere für Freizeitaktivitäten

Die Auswahl der Tiere richtet sich nach ihrem Einsatzgebiet. Dies ist sicherlich nicht immer einfach, der persönliche Schwerpunkt sollte hier den Ausschlag geben.

Neben einem korrekten Körperbau muss auch der Charakter passen. Freizeitaktivitäten sollen ja schließlich dem Tier und dem Menschen Spaß machen und nicht in einem Fiasko enden.[8]

Die meisten Tiere wechseln im Alter von etwa einem Jahr den Besitzer und werden damit häufig einer neuen Verwendung zugeführt. Gerade in diesem Alter sind die Tiere noch nicht voll entwickelt und charakterlich gefestigt. Ohne zusätzliche Informationen kann man zu diesem Zeitpunkt kaum etwas Genaues über die weitere Entwicklung sagen. Deshalb ist es beim Kauf der Jungtiere unerlässlich, die Elterntiere und Geschwister genau zu betrachten. Oft erkennt man bei ihnen Eigenschaften, die beim Jungtier noch nicht ausgeprägt sind.

2.3.1 Lamas und Alpakas als Freizeit- und Begleittier

Werden Lamas und Alpakas als Freizeit- und Begleittier gezüchtet und gehalten, müssen sie neben einem korrekten Körperbau zusätzliche Kriterien erfüllen. Die Tiere sollten leicht zu handhaben und geduldig sein. Vor allem bei der Arbeit mit Kindern ist ein ausgeglichenes Wesen unabdingbar. Das Tragen von Lasten ist nicht primär wichtig.[1]

Bei Alpakas liegt der Nutzungsschwerpunkt primär in der Wollproduktion. Als Begleittiere im Rahmen von AAA und als Wanderbegleiter für Kinder finden Alpakas aber immer öfter eine weitere sinnvolle Verwendung.

◀ Lamawanderungen sind auch im Winter ein Erlebnis

Gut ausgebildete Alpakas sind ideale Begleiter auch für die Kleinsten

Jedes gesunde und halbwegs korrekt gebaute Tier ist als Begleittier geeignet. Trotzdem gibt es große Unterschiede in der Leistungsfähigkeit der einzelnen Tiere. Dabei ist ein besonderes Augenmerk auf das Fundament zu legen, denn es ist die Voraussetzung für ein langes Leben als Last- und Begleittier. Tiere mit Fehlstellungen an den Gelenken, wie z.B. starke X-Beine, falsche Hinterbeinwinkelung oder durchtrittige Fesseln neigen zu Arthrosen. Solche Tiere dürfen auch zu Wanderungen nicht eingesetzt werden. Dies verbietet alleine schon der Tierschutz.[8]

2.3.2 Lamas als Lastentiere

Um Lasten zu tragen, benötigen Lamas vor allem einen für diese Aufgabe geeigneten Körperbau. Ihre Proportionen, kein zu langer Rücken, ein kräftiges Fundament und eine gute körperliche Verfassung sind entscheidende Kriterien. Eine gute Trittsicherheit – auch mit Packsattel – ist in jedem Gelände unbedingt notwendig.

2.3.3 Stute oder Hengst?

Zum Lamatrekking und auch als Lastentiere werden meist Hengste oder Wallache eingesetzt, obwohl Wandern auch mit Stuten möglich ist und durchgeführt wird. Das größere Körpergewicht und die größere Körperkraft zeichnen jedoch Hengste und Wallache eher als Lastentiere aus.

Stuten werden meistens als Zuchttiere eingesetzt und sind daher, sobald sie geschlechtsreif sind, entweder trächtig, haben ein Fohlen bei Fuß oder oft beides. Das allein spricht nicht unbedingt gegen den Einsatz als Begleittier, bringt aber Probleme mit sich.

Trächtige Stuten lassen sich am Rücken und Bauch nicht gerne berühren. Deshalb sollte man trächtigen Tieren keine Packsättel anlegen.

Bei Stuten mit jüngeren Fohlen stellt sich zudem die Frage: Wohin mit dem Fohlen während der Wanderung? Wird das Fohlen auf die Wanderung mitgenommen, legt die Mutter ihr Augenmerk nur auf das Fohlen und ist während der Wanderung nicht konzentriert. Bleibt das Fohlen dagegen zu Hause, wird sich die Mutter nur ungern von der Herde entfernen.

Lediglich Stuten, die nicht zur Zucht verwendet werden, können erfolgreich als Trekkingtiere eingesetzt werden. Allerdings ist unbedingt darauf zu achten, dass nicht mit gemischten Gruppen von Stuten und Hengsten gewandert wird. In gemischten Gruppen wird immer Unruhe herrschen. Die Hengste sehen die Stuten nicht als Mitwanderer, sondern als weibliche Tiere, die gedeckt werden können. Die Stuten ihrerseits fühlen sich durch die Hengste bedrängt und versuchen, diese durch Spucken auf Distanz zu halten.

Eine Auswertung der Tiere bei Veranstaltern von Lamatrekking zeigt, dass Hengste bzw. Wallache über 70 % der Trekkingtiere darstellen.

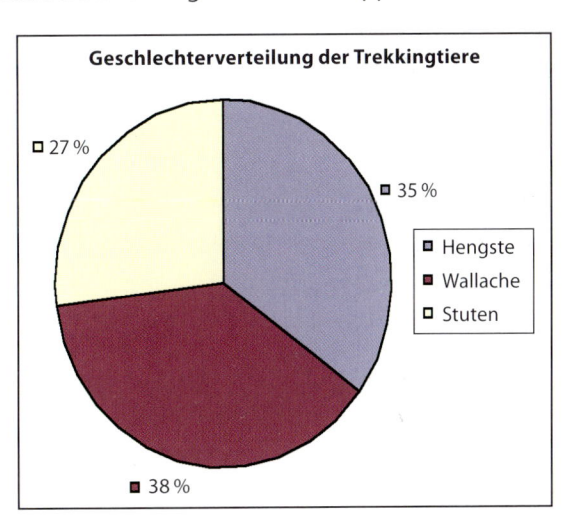

Geschlechterverteilung der Trekkingtiere

- 27 %
- 35 % Hengste
- 38 % Wallache
- Stuten

2.3.4 Gruppengefüge

Jedes Lama oder Alpaka hat seinen eigenen Charakter. Die Zusammensetzung einer Wander- oder Trekkinggruppe verlangt deswegen vom Veranstalter Fingerspitzengefühl. Er muss die Tiere für die Veranstaltung gezielt auswählen und die Zuordnung von Mensch und Tier steuern, um eine harmonische Gruppe zusammen zu stellen. Dies verlangt von ihm die genaue Kenntnis der Tiere und auch eine sehr gute Einschätzung der menschlichen Wanderer, die er ja erst kurze Zeit, meist nur ein paar Minuten kennt. Um ein Lama zu führen wird nicht unbedingt viel Körperkraft benötigt. Kinder ab sechs Jahren können oft schon problemlos ein Tier führen.

Allerdings müssen die Rangordnung in der Herde sowie Bluts- und Wahlverwandtschaften zwischen den Tieren bei der Reihenfolge der Tiere auf den Wanderungen beachtet werden.

Denn auch hier spiegelt sich das Wesen der Tiere wieder. Manche Tiere sind mutige Leittiere, andere fühlen sich sicherer, wenn sie dem Leittier nur folgen müssen.[6]

Auf Grund dieser Vorgaben legt der Veranstalter zu Beginn einer Tour eine erste Reihenfolge fest. Während der Tour kann es trotzdem vorkommen, dass die Tiere ihre Reihenfolge in der Gruppe ändern wollen. Ist das der Fall, befindet sich das Lama nicht an der richtigen Position innerhalb der Wandergruppe und sucht nach einer Veränderung. Der Führer sollte diesem Wunsch unbedingt nachkommen.

Nicht zu vernachlässigen ist dabei die Akzeptanz des Führers durch das Tier. Lamas und Alpakas reagieren rasch auf die Persönlichkeit ihres Führers. Sie merken schnell, welche Einstellung er zum Tier hat. So halten sie ihm im wahrsten Sinne des Wortes einen Spiegel vor und zeigen ihm, wie er auf sie wirkt. Gerade auf den ersten Metern einer Wanderung prüft das Tier oft seinen Führer und dessen Autorität. Dies zeigt sich meist darin, dass das Tier stehen bleibt oder am Wegrand zu fressen beginnt. Hiermit will es austesten, wie und ob sich der Führer durchzusetzen weiß. Reagiert er deutlich und bestimmt, wird das Lama dies akzeptieren, reagiert er unsicher und ängstlich, wird das Lama immer die Oberhand behalten und das den Führer auch spüren lassen. Das kann so weit führen, dass der Veranstalter Lama und Führer trennen und eine neue Zuordnung vornehmen sollte.

Ohne Probleme lassen sich Lamas auch von Kindern führen

Wer setzt seinen Kopf durch – Führer oder Lama?

2.4 Das Training

Lamas und Alpakas sollen sich problemlos Halfter und Packsattel anlegen lassen und ruhig und besonnen an der Leine geht. Es soll hierbei nicht zu einem immer währenden Ringen zwischen Mensch und Tier werden.

Das bedeutet, dass der Tierhalter mit den Tieren ein entsprechendes Training absolvieren muss. Dieses Training muss die Bewältigung langer Wegstrecken ebenso beinhalten, wie das Tragen beladener Packsättel. Im alpinen Gelände ist auch die Überwindung von größeren Höhenunterschieden sowohl im Aufstieg, wie auch im Abstieg nicht zu vernachlässigen. Gerade im Abstieg ist auch bei den Neuweltkameliden, genauso wie bei uns Menschen auf die Belastung der Gelenke zu achten. Die Veranstalter der Alpenüberquerung vom August 2009 mussten einige Tage Rast einlegen, um die überbeanspruchten Gelenke der Lamas zu schonen.[15]

Einige Kilometer am Tag zu gehen, bedeutet für gesunde Tiere keine große Leistung. Will man aber zwanzig Kilometer oder mehr pro Tag und das an mehreren aufeinander folgenden Tagen zurücklegen, müssen die Tiere dazu trainiert werden. Auch erfahrene Trekkinglamas sind nach den ersten längeren Touren im Frühjahr am Abend immer sehr erschöpft. Schon nach wenigen Tagen aber bewältigen sie problemlos ihr tägliches Pensum.

So wie nicht jeder Mensch zum Marathonläufer geschaffen ist, ist auch nicht jedes Lama ein hervorragendes Last- und Trekkingtier, nur weil es vier gesunde Beine hat. Wenn Tiere das ganze Jahr auf ebenen Flächen verbringen, kann eine kleine Steigung am Weg schon zur Herausforderung werden. Übergewichtige Tiere können meist nicht ein Viertel ihres Körpergewichtes tragen, was wir von normal genährten Lamas erwarten.[8]

Gut ausgebildete Trekkinglamas reagieren auf Unbekanntes eher neugierig

Brückenüberquerungen und Wasserpassagen gehören zum Trainingsprogramm

Neuweltkameliden sind zwar sehr trittsicher und gelten als schwindelfrei, nicht alle Tiere aber gehen ohne entsprechendes Training über schmale Brücken oder Stege, durch Tunnels oder Unterführungen oder durch Bäche und Flüsse. Manche Tiere fürchten sich auch vor Hunden, Schafen oder Pferden, wenn sie damit nicht bereits früher Bekanntschaft gemacht haben. All diese Situationen sowie die Gewöhnung an erhöhtes Verkehrsaufkommen auf Straßen sollten bereits Teil des Ausbildungsprogramms sein.[8]

Ziel muss es sein, durch das Training die Tiere auf alle möglichen Situationen einzustellen, damit man ruhige und erfolgreiche Veranstaltungen erleben kann.

Trainiert man junge Tiere für das Trekking, ist es für sie sehr hilfreich am Vorbild zu lernen. Dazu nimmt man ein erfahrenes Lama oder Alpaka als Anfangstier in der Karawane mit. Dadurch haben die neuen, noch unsicheren Tiere einen Anhalt, nach dem sie sich richten können und sie lernen schnell, wie eine Wanderung abläuft.

Ein weiterer Trainingsaspekt ist das Satteltraining: Die Tiere müssen sich zum einen an das zusätzliche Gewicht und zum anderen an die neuen Abmessungen gewöhnen. Mit einem voll bepackten Sattel ist das Tier deutlich breiter und kann leicht links und rechts anstoßen. Nicht zu vernachlässigen ist die Verlagerung des Schwerpunktes, an die sich das Tier erst gewöhnen muss.

Lamas können auf Wanderungen je nach Kondition mit bis zu 20 % des eigenen Körpergewichts beladen werden. An warmen Sommertagen mit hoher Luftfeuchtigkeit und bei steilen, langen Bergtouren muss das Gewicht allerdings deutlich nach unten angepasst werden.[17]

Trotz eines intensiven Trainings kann es immer wieder vorkommen, dass die Tiere während einer Tour plötzlich stehen bleiben und nicht mehr weiter gehen. Die Ursache können mannigfaltig sein. Häufig liegt es an einer unsachgemäßen Ausrüstung (falsches Halfter, verrutschter Sattel) oder einer zu schweren Beladung. Aber auch ein unbekanntes Gelände oder andere unbekannte Ereignisse können im ersten Moment dazu führen, dass die Tiere stehen bleiben. Sind die Ursachen korrigiert oder aber ist aus der Sicht des Tieres die Situation erkannt, kann die Tour ohne Probleme fortgesetzt werden.

2.5 Die Ausrüstung

In allen Bereichen von Freizeitaktivitäten ist die richtige Ausrüstung eine der wichtigsten Voraussetzungen.

Zur Basisausrüstung zählen:

- ein passendes Halfter,
- die Führleine,
- für Trekking- oder Wandertouren der richtig sitzende Packsattel mit einer Satteldecke.

Das Halfter muss richtig angepasst sein und darf das Tier in keiner Weise stören. Es darf weder zu groß noch zu eng sein. Vor allem aber darf es nicht auf die knorpelige Nasenscheidewand drücken. Dies würde das Tier beim Atmen stören und ihm die Luft nehmen, was wiederum Panik auslösen kann. Genauso muss das angepasste Halfter das Wiederkäuen noch zulassen.[8] Auch muss darauf geachtet werden, dass das Halfter nicht auf die Augen drückt oder das untere Augenlid einklemmt.

Die Führleine sollte nicht zu schwer oder zu lang sein. Der Autor verwendet Führleinen mit einer Länge von etwa 150 Zentimeter. Das freie Ende darf weder Tier noch Führer beim Wandern stören. Kunstfaserrundleinen bewähren sich sehr gut, weil sie gut in der Hand liegen, wenig Nässe aufnehmen und auch schnell trocknen.[8]

Das Gewöhnen an den Sattel erfolgt im Idealfall nach dem 18. Lebensmonat. Der Sattel sollte zu Beginn nur wenig belastet werden und die Last schrittweise bis zum Maximalgewicht erhöht werden[9]. Das Gewicht muss auf beiden Seiten gleich verteilt sein.

Von besonderer Bedeutung ist die Passform des Sattels. Der Sattel darf nicht auf den Schulterblättern liegen, sie müssen sich frei bewegen können, ohne dass Scheuerstellen entstehen. Packsättel, die speziell für Lamas und Alpakas konstruiert sind, leiten

Lama Standardausrüstung bestehend aus Halfter, Führleine und einem stabilen Sattel aus Holz mit Satteldecke

das Gewicht auf die Brustwand/Rippen. Sie berühren und belasten keinesfalls die Dornfortsätze der Wirbelkörper.

Es gibt inzwischen eine Vielzahl an Sattelmodellen. Weiche und schmiegsame Sättel aus Textilien, Gestelle aus Holz und Metall und viele Varianten die beides vereinen. In allen Fällen ist es wichtig, dass die Packsättel rutschsicher am Tier festgeschnallt werden können.

Ein Trekkingunternehmen, das täglich mit den Tieren unterwegs ist und dabei schwere Lasten transportiert, hat andere Ansprüche an einen Packsattel als der Sonntagswanderer, der mit seiner Familie eine kurze Erlebnistour macht.[2] Profis werden daher eher ein ausgefeiltes Modell verwenden, das schnell und sicher am Tier zu befestigen ist und das zudem im täglichen Einsatz sehr robust ist. Der Nachteil dieser Modelle ist in der Regel das hohe Eigengewicht.

Der ideale Packsattel für Freizeitwanderer sollte leicht und einfach im Gebrauch sein, aber trotzdem dem Tier einen hohen Tragkomfort bieten. Man darf nicht vergessen, dass allein der Packsattel inkl. Packtaschen einen großen Teil des Gewichtes ausmachen kann, den ein Tier zu tragen hat. Ein „leerer" Holzsattel oder ein Synthetik-Packsattel wiegen etwa 6 bis 7 kg – ein nicht zu vernachlässigendes Gewicht. Ein wenig trainiertes Tier mit 10 kg Transportlast, hat damit etwa 17 kg zu tragen und stösst so schnell an seine Leistungsgrenze. Wenn man seinem Tier nur ein paar Brötchen und die Regenjacken aufladen will, dann kann man ruhig einen kleinen, leichten Packsattel aus Rucksackstoff kaufen. Dieser ist für diesen Zweck bestens geeignet und man erspart dem Tier unnötiges Gewicht.

Eine Alternative zum stabilen Holzsattel sind weiche anschmiegsame Sättel aus Synthetikmaterialien

2.6 Wirtschaftlichkeit, Zusatzangebote, Werbung

Nur wenige Unternehmer führen Lama-/Alpakawanderungen hauptberuflich durch. Die meisten bieten diese Aktivitäten im Nebenerwerb bzw. hobbymäßig an. Bei der Analyse stellen wir fest, dass die auf dem Markt angebotenen Preise stark schwanken. So gibt es Veranstalter, die für eine Lamawanderung über 60,– € je Stunde und Person verlangen. Das andere Extrem sind 8,– bis 10,– € für eine 2-stündige Wanderung.

Dabei findet man natürlich auch unterschiedliche Motivationsgründe für das Anbieten dieser Erlebnisse. Will man wenige, eher elitäre Gäste, die bereit sind, einen hohen Preis für dieses besondere Erlebnis zu zahlen? Oder beabsichtigt man eher kostengünstiger für ein breites Publikum zu arbeiten?

Hier gilt es für den Veranstalter eine Preisgestaltung zu finden, die zum einen seine Kosten deckt, zum anderen seine Motivationsgründe abdeckt und von den Gästen angenommen wird.

2.6.1 Kosten des Lamatrekkings

Alle hier dargestellten Zahlen können nur einen fiktiven Wert darstellen. Sie sind zum einen Erfahrungswerte des Autors, zum anderen werden sie sich von Region zu Region unterscheiden. Verschiedene Daten zur Haltung **müssen bei der Verwendung für eigene Berechnungen unbedingt individuell an den eigenen Betrieb angepasst werden** (Anhang).

Wir unterscheiden zwischen variablen Kosten und Fixkosten: Die variablen Kosten pro Lama und Jahr schwanken je nach Voraussetzungen zwischen 200,– und 400,– €. Die Fixkosten beinhalten im Wesentlichen die Investitions- und Instandhaltungskosten für Gebäude (Stall und Unterstand), Weide, Paddock und Zäune. Diese variieren von Betrieb zu Betrieb. Im Vorteil sind die Tierhalter, die auf eine bestehende Infrastruktur zurückgreifen können.

Von den Betrieben, die im Lamatrekking-Netzwerk des Vereins der Züchter, Halter und Freunde von Neuweltkameliden e.V. organisiert sind, liegen entsprechende Zahlen vor (Stand: November 2009). 39 % der Betriebe halten sechs bis zehn Lamas. Gehen wir von einem Mittelwert von acht Tieren aus, so betragen die variablen Kosten für die Herde ca. 1.600,– bis 3.200,– € je Jahr.

Bei einer kalkulierten Anzahl von 50 Aktivitäten pro Jahr bedeutet dies, dass allein zur Deckung der variablen Kosten pro Veranstaltung mindestens 32,– bis 64,– € notwendig sind. Fixkosten und Arbeitsaufwand (Stundenlohn) sind damit noch nicht abgedeckt. Im Umkehrschluss bedeutet es aber, dass mit den Wanderungen die Kosten der Tierhaltung gedeckt sind. Damit wird es ein Hobby, das sich selbst finanziert.

Unter bestimmten Voraussetzungen kann mit Lama-/Alpakatrekking ein Teil des Einkommens erzielt werden. Mit einfachen, kurzen Wanderungen oder Kindergeburtstagen ist es dann nicht mehr getan. Unter Einbeziehung der Infrastruktur, des Kundenstammes und der persönlichen Vorstellungen ist eine individuelle Angebotspalette zu erstellen, die letztendlich auch im höheren Preissegment angesiedelte Angebote mit Eventcharakter beinhaltet. Wichtig sind dabei Zusatzangebote.

2.6.2 Zusatzangebote

Der Anteil der gewerblichen Lamatrekkinganbieter, welche im Lamatrekking-Netzwerk organisiert sind und Zusatzangebote anbieten, liegt bei 87 %.[16]

Dies wird auch von Gächter[4] bestätigt und zeigt, dass Zusatzangebote wichtig und notwendig sind, um mit Lamatrekking erfolgreich zu sein. Zusatzangebote stellen einen wesentlichen Bestandteil des Geschäftes dar, um den Deckungsbeitrag zu erhöhen.

Beispiele von Zusatzangeboten sind:

- Verkauf von Werbeartikel
- Verkauf von Wollprodukten aus Lama- oder Alpakawolle
- Spezielle Themenwanderungen
- Übernachtungsmöglichkeiten im Heu oder auf der Weide
- Events vor, während und nach dem Trekking (z. B. Grillabende etc.)

Grillfeste als Zusatzangebote erhöhen den Freizeitwert und dadurch den Bekanntheitsgrad des Trekkingunternehmens

- Verkauf von selbstgezüchteten Lamas und Alpakas
- etc.

2.6.3 Werbung

Gächter[4] untersuchte die heutigen Zielgruppen für Lama- und Alpakaaktivitäten. Im folgenden Diagramm ist dies dargestellt.

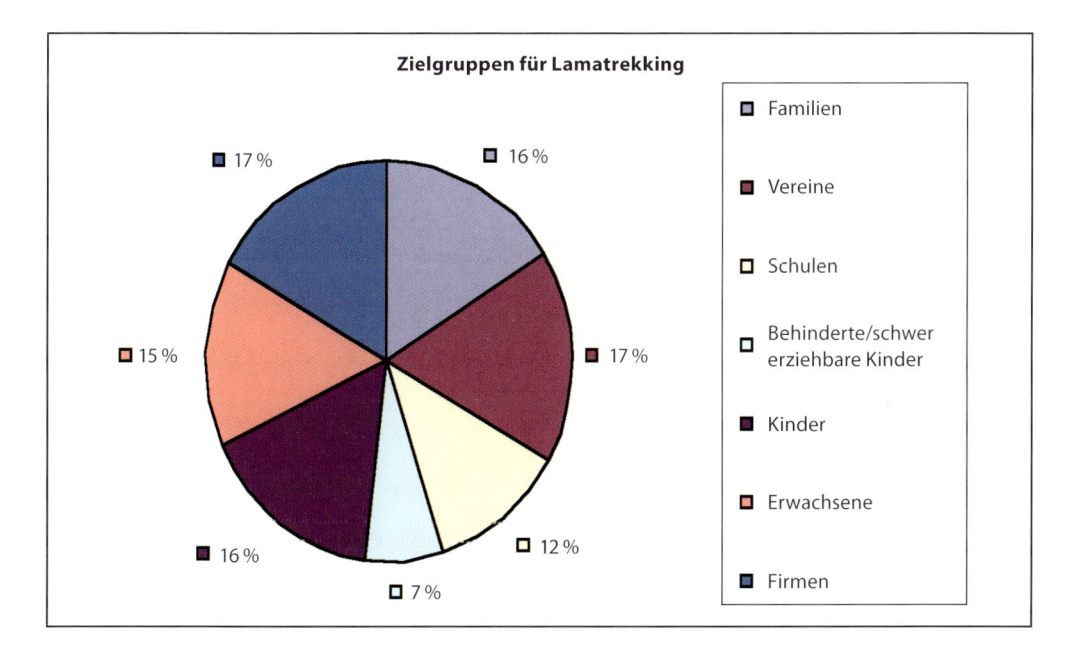

Zielgruppen für Lamatrekking

- Familien: 16 %
- Vereine: 17 %
- Schulen: 12 %
- Behinderte/schwer erziehbare Kinder: 7 %
- Kinder: 16 %
- Erwachsene: 15 %
- Firmen: 17 %

Zur Verstärkung der Nachfrage ist Werbung ein wesentliche Bestandteil. Dazu ist es wichtig, die vorhandenen Multiplikatoren zu bearbeiten.

Ein professioneller Internetauftritt ist in der heutigen Zeit sicher ein sehr wichtiger Teil der Werbung. Dies bestätigen 42 % der Anbieter, die im Rahmen einer Umfrage befragt wurden.[4] Ein weiterer wichtiger Aspekt ist die Mund-zu-Mund-Propaganda. Dies meinen 32 % der Befragten.[4] Für den Veranstalter heißt das: eine Lamawanderung muss mit ihrem gesamten Ablauf und Inhalt gut organisiert sein, um bei den Teilnehmern einen positiven, bleibenden Eindruck zu hinterlassen. Daran muss jeder Veranstalter arbeiten.

Flyer oder andere gedruckte Werbeprospekte sind eine gute Möglichkeit, gerade Personen, die zufällig vorbei kommen (seien es Wanderer oder Spaziergänger), das Trekkingunternehmen vorzustellen. Diese Werbemittel können in entsprechenden Auflagen kostengünstig gedruckt werden.

Nicht zu unterschätzen sind Kooperationen mit Gaststätten oder Hotelbetrieben. Gezielt aufgehängte Plakate oder ausgelegte Flyer stellen deren Gästen Alternativen in der Freizeitgestaltung vor. Dadurch werden besonders Familien angesprochen, mit ihren Kindern eine Lama- oder Alpakawanderung durchzuführen.

Auch für Radio und Fernsehen sind Lamas und Alpakas ein willkommenes Thema. Professionelle und werbewirksame Auftritte in diesen Medien sind ein großer Multiplikator und erhöhen die Nachfrage nach Wanderungen oder Trekkingtouren. Regelmäßige Artikel in der regionalen Presse runden die Werbemaßnahmen ab.

Literatur Kapitel 2:

(1) BIRUTTA G. (1997): Storey's Guide to Raising Llamas. Care-Showing-Breeding-Packing-Profiting. Storey Publishing, North Adams

(2) BRAND V. (2008): Die richtige Trekking-Ausrüstung. Lamas, Herbst 2008

(3) FINKENZELLER K. (2008): Lamatrekking-Netzwerk. Lamas, Herbst 2008

(4) GÄCHTER N. (2008): Hat Lamatrekking in der Schweiz eine Zukunft? Lamas, Herbst 2008

(5) MAURUS G. (2008): Wirtschaftlichkeit der Lama-/Alpakahaltung. Lamas, Frühjahr 2008

(6) PERNHAUPT G. (1995): Lamas als Therapeuten. Lamas, Herbst 1995

(7) PRELLWITZ J. (1964): Südamerika – Kontinent im Aufbruch. Bertelsmann, Bielefeld

(8) RAPPERSBERGER G. (2008): Lamas als Begleittiere. Lamas, Herbst 2008

(9) RAPPERSBERGER G. (2008): Lamas und Alpakas. Ulmer, 2. Aufl., Stuttgart

(10) RHEKER A. (2009): Lamas spucken? Paderborn, Kath. Hochschule, Diplomarbeit

(11) SINAY S. (2009): Yellowstone Llamas – Lamatrekking im Yellowstone Nationalpark. Lamas, Sommer 2009

(12) VERNOOIJ M. A. und SCHNEIDER S. (2007): Handbuch der Tiergestützten Interventionen. Quelle Meyer, Wiebelsheim

(13) www.wikipedia.de: Trekking (7.10.2009)

(14) www.wikipedia.de: Wandern (7.10.2009)

(15) www.lamaone.eu (12.09.2009)

(16) www.trekking-lamas.de (1.10.2009)

(17) www.vlas.ch (7.11.2009)

3 Tiergestützte Pädagogik und tiergestützte Therapie mit Lamas und Alpakas
H. Höke

3.1 Tiergestützte Pädagogik und tiergestützte Therapie – Definitionen und allgemeine Voraussetzungen

Der Einsatz von Tieren in einfachen Formen der Therapie wird bereits im 8. Jahrhundert erwähnt. Das Zusammenleben mit Tieren erlaubte manchen Menschen die Kompensation kognitiver Beeinträchtigungen oder die Milderung des Erlebens von psychischen Störungen. Hierbei handelte es sich nicht nur um den Einsatz von Heimtieren wie Hunde oder Katzen, die unmittelbar mit Menschen in einem gemeinsamen Haushalt leben, sondern auch um landwirtschaftliche Nutztiere:

ARKOW (1993) erwähnt, dass im 9. Jahrhundert in Gheel in Belgien eine **„therapie naturelle"** durchgeführt wurde, bei der es vor allem darum ging, sozio-ökonomisch benachteiligten Menschen durch Landarbeit mit Tieren eine bessere Lebensbasis und eine höhere Lebenszufriedenheit zu geben. Andere Berichte – etwa der über die Gründung des **York Retreat** in England (1792) – führen aus, dass auf der Suche nach einem humaneren Umgang mit geisteskranken und mit emotional gestörten Menschen Christentum und Vernunft verbunden und bislang strafähnliche Methoden des Umganges mit diesen Menschen durch die Möglichkeiten eines einfachen Zusammenlebens verbessert werden sollten. Patienten wurden mit Tieren zusammengebracht, die ähnlich wie auf einem Bauernhof versorgt werden mussten, zu denen aber auch eine emotionale Beziehung aufgebaut werden konnte. Tiere konnten den Menschen das Gefühl vermitteln gebraucht zu werden und ihnen zugleich eine Bestätigung von noch verfügbaren Kompetenzen geben. Tiere konnten aber auch Nähe und Akzeptanz ohne Bewertung oder Abwertung vermitteln, sie konnten Freude am Spiel auslösen.

Im Zweiten Weltkrieg (1942) errichtete das Army Air Corps in Pawling in den USA ein **Convalescent Hospital**, das Möglichkeiten zur Erholung von Kriegsverletzungen und zur Aufarbeitung von psychischen Traumen bot. Ein Teil des therapeutischen Programmes sah das Arbeiten mit Nutz- und Wildtieren vor.

In vielen psychiatrischen und sozialpädagogischen Institutionen wurden Erfahrungen mit positiven Therapieeffekten gesammelt, die bis heute Therapeuten überzeugen. Ein Beispiel dafür ist der Bericht, den ROSS (1998) über 50 Jahre Arbeit in **Green Chimneys**, einer Heimschule auf einer Farm nördlich von New York, verfasste.

Seit 1973 werden in der Region von Denver und Boulder in Colorado ausgesuchte Tiere von freiwilligen Helferinnen und Helfern in **„Petmobiles"** zu Besuchen in Pflegeheime, in Heime für alte Menschen oder in Familien gebracht. Diese Idee ist nicht nur in den USA von vielen Menschen aufgegriffen worden. Auch in England und in Canada, also in Ländern, in denen traditionell *volunteers* (= freiwillige Helfer und Helferinnen) viele humane und soziale Aufgaben übernehmen, sind Organisationen entstanden, die „Animal Assisted Activities" anbieten. Eine wichtige Integration dieser und anderer Aktivitäten leistete die **Delta Society**. In ihr schlossen sich Advokaten der Tier-Seite wie Tierschützer, Tierärzte, Zoologen, Ethologen oder auch Züchterinnen und Züchter mit Advokaten der Menschen-Seite wie Sozialpädagogen, Psychologen, vor allem aber mit Menschen zusammen, denen das Helfen sowie das Zusammenleben von Menschen mit Tieren ein Anliegen sind. Seit der Zeit werden Programme der Animal Assisted Activities und der Animal Assistend Therapy ausgearbeitet und zunehmend auch evaluiert.[5]

Im anglo-amerikanischen Raum (USA, Kanada, Australien, England) wurde die hohe Effektivität tiergestützter Interventionen früher erkannt als in Europa. In den Vereinigten Staaten gründete sich 1977 die Delta-Society, eine Organisation, die heute noch weltweit die führende Quelle für Informationen zur Mensch-Tier-Beziehung ist. In den ersten Jahren erforschte die Organisation schwerpunktmäßig die nachweisbare Wirkung von Tieren auf die Gesundheit und Lebensfreude von Menschen. Es kristallisierten sich im Laufe der Jahre zwei unterschiedliche Vorgehensweisen für den Einsatz mit Tieren heraus, zum einen der Einsatz von Tieren, die durch ihre bloße Anwesenheit die Stimmung und das Wohlbefinden von einzelnen Personen und Gruppen positiv beeinflussen sollten, zum anderen der gezielte und systematische Einsatz von Tieren, das heißt, das Tier wird zu einem festen Bestandteil in der professionellen Arbeit eines Therapeuten.

Aus diesen beiden Vorgehensweisen formulierte die Delta Society einerseits die Definition für die *„Animal-Assisted-Activities" (AAA)*, (vgl. Kap. 2), und die Definition für die *„Animal-Assisted-Therapy" (AAT)*. Beide Bezeichnungen sind im englischsprachigen Raum heute noch gültig und gebräuchlich.

Animal-Assisted-Therapy (AAT)

„AAT is a goal-directed intervention in which an animal that meets specific criteria is an integral part of the treatment process. AAT is directed and/or delivered by health/human service professionals with specialized expertise, and within the scope of practice of his/her profession. AAT is designed to promote improvement in human physical, social, emotional, and/or cognitive functioning. AAT is provided in a variety of settings and may be group or individual in nature. This process is documented and evaluated."

Nach dieser Definition ist AAT eine zielgerichtete Intervention, bei der ein Tier mit spezifischen Merkmalen integraler Bestandteil eines Behandlungsprozesses ist. AAT ist gerichtet bzw. gebunden an qualifizierte Experten mit spezifischer Ausbildung aus den Gesundheits- und Sozialdiensten, die die Tiere in ihrem Berufsfeld einsetzen.

AAT soll dazu beitragen, die körperlichen, sozialen, emotionalen und gegebenenfalls die kognitiven Funktionen der Klienten/Patienten zu fördern und zu verbessern. AAT kann mit Einzelpersonen und mit Gruppen durchgeführt werden, der Behandlungsprozess ist hierbei zu dokumentieren.[9]

Aus der Definition der Delta Society ergeben sich somit folgende wesentliche Kriterien für und Anforderungen an eine tiergestützte Therapie:

- **AAT ist immer zielgerichtet, diese Ziele müssen präzise festgelegt sein.**
  (Zum Beispiel Verbesserung der Sozialkompetenzen, der motorischen Koordinationsfähigkeit, der sprachlichen Kompetenz etc.)
- **AAT ist ein integraler Bestandteil in der professionellen Arbeit der jeweiligen Fachkräfte.**
  Die Fachkräfte können aus den unterschiedlichsten Berufsfeldern kommen: Ärzte, Psychotherapeuten, Sprach-, Physio-, und Ergotherapeuten, Sozialarbeiter, Krankenschwestern etc. Das eingesetzte Tier muss bestimmte Merkmale erfüllen und von der Fachkraft gezielt in den Prozess eingebunden und gelenkt werden. Möglich ist auch, dass ein Tiertrainer unter Anleitung der Fachkraft lenkt.
- **AAT muss dokumentiert und regelmäßig bezogen auf die Effektivität evaluiert werden.**
  Für jede Sitzung ist von der Fachkraft eine Dokumentation zu erstellen, die es ermöglicht, die formulierte Zielsetzung zu reflektieren und gegebenfalls zu modifizieren.

Im deutschsprachigen Raum gibt es noch keine offizielle Definition für tiergestützte Interventionen, desweiteren keine staatlich anerkannte Berufsausbildung zum tiergestützt arbeitenden Therapeuten.

Die in der Literatur am häufigsten verwendeten Begriffe sind die *Tiergestützte Aktivität (TG A)* (vgl. Kapitel 2), die *Tiergestützte Förderung (TG F)*, die *Tiergestützte Pädagogik (TG P)* und die *Tiergestützte Therapie (TG T)*.

Definitionen:

- „Unter Tiergestützter Förderung sind Interventionen im Zusammenhang mit Tieren zu verstehen, welche auf der Basis eines (individuellen) Förderplans vorhandene Ressourcen des Kindes stärken und unzulänglich ausgebildete Fähigkeiten verbessern sollen. Sie werden durchgeführt von unterschiedlich qualifizierten Experten im pädagogisch-sonderpädagogischen Bereich (Lehrer, Sozialpädagogen, Sprachheil- und Physiotherapeuten etc.) unter Einbezug eines Tieres, welches für den Einsatz trainiert wurde.
Ziel der Tiergestützten Förderung ist die Unterstützung von Entwicklungsfortschritten." [9]

- „Unter Tiergestützter Pädagogik werden Interventionen im Zusammenhang mit Tieren subsumiert, welche auf der Basis konkreter, klienten-/kindorientierter Zielvorgaben Lernprozesse initiieren, durch die schwerpunktmäßig die emotionale und die soziale Kompetenz des Kindes verbessert werden soll.
Sie werden durchgeführt von Experten im pädagogisch-sonderpädagogischen Bereich (z. B. Lehrpersonal) unter Einbezug eines Tieres, welches für den Einsatz spezifisch trainiert wurde.
Ziel der Tiergestützten Pädagogik ist die Initiierung und Unterstützung von sozial-emotionalen Lernprozessen, das heißt Ziel ist der Lernfortschritt in diesen Bereichen." [9]

- „Unter Tiergestützter Therapie werden zielgerichtete Interventionen mit Tieren subsumiert, welche auf der Basis einer sorgfältigen Situations- und Problemanalyse sowohl das Therapieziel als auch den Therapieplan unter Einbezug eines Tieres festlegen. Sie sind auf eine gezielte Einwirkung auf bestimmte Leistungs- und/oder Persönlichkeitsbereiche oder auf die umfassende Be- und Verarbeitung von konfliktreichem Erleben ausgerichtet.
Sie werden durchgeführt von therapeutisch qualifizierten Personen, die je nach Therapiekonzept das spezifisch trainierte Tier als integralen Bestandteil in die Behandlung einbeziehen.
Ziel der Tiergestützten Therapie ist die Verhaltens-, Erlebnis- und Konfliktbearbeitung zur Stärkung und Verbesserung der Lebensgestaltungskompetenzen." [9]

In der Praxis gibt es zwischen den Bereichen der Tiergestützten Förderung, Pädagogik und Therapie Überschneidungen. So können im Rahmen einer Tiergestützten Förderung durchaus auch die Sozialkompetenzen gestärkt werden oder im Rahmen einer Tiergestützten Therapie positive Effekte bei unzulänglich ausgebildeten Fähigkeiten bewirkt werden. Gleichzeitig ist die Definition der Tiergestützten Pädagogik unpassend für die heilpädagogische Arbeit mit erwachsenen behinderten Menschen, deren Hilfebedarf in der Regel eine

Mischform aus Förderung, Pädagogik und Therapie ist.

Dennoch ist es sinnvoll, die Bereiche differenziert darzustellen, um das breitgefächerte Feld tiergestützter Interventionen zu strukturieren und ein staatliches Anerkennungsverfahren für diese berufliche Arbeit zu erleichtern.

Die anglo-amerikanische Definition der Tiergestützten Therapie und die deutschsprachigen Definitionen der Tiergestützten Förderung, Pädagogik und Therapie haben folgende gemeinsame Voraussetzungen für den Anbieter und die Tiere:

- Sie verlangen zielgerichtete Interventionen unter dem Einbezug von Tieren in das berufliche Handlungsfeld des Anbieters.
- Sie verlangen qualifizierte Experten bzw. beruflich entsprechend qualifizierte Personen aus den Bereichen der Pädagogik und Therapie.
- Sie verlangen spezifisch trainierte Tiere, regelmäßige und mehrmalige Sitzungen und eine Verlaufsdokumentation.

Besonders die Bereiche der Tiergestützten Förderung und der Tiergestützten Pädagogik überschneiden sich häufig, weshalb diese beiden Bereiche unter dem Begriff „Tiergestützte Pädagogik" zusammengefasst werden.

Neue Überlegungen gehen dahin, die verschiedenen Handlungsfelder der tiergestützten Arbeit unter dem Begriff „tiergestützte Interventionen" zusammenzufassen, und zwar immer im Kontext mit dem Grundberuf des Anbieters (vgl. OLBRICH 2008).

Demnach wird dem jeweiligen Fachgebiet des Anbieters der Begriff „tiergestützt" vorgeschaltet, d. h. es gibt bei entsprechender beruflicher Grundqualifikation und Weiterbildung im Bereich der tiergestützten Interventionen die tiergestützte Ergo- oder Psychotherapie, tiergestützte Krankengymnastik, tiergestützte Heilpädagogik, tiergestützte Alten- oder Krankenpflege usw.

Diese begriffliche Ergänzung zum Grundberuf ist durchaus sinnvoll, weil es sowohl im pädagogischen als auch im pflegerisch-therapeutischen beruflichen Bereich eine Vielzahl von sehr differenzierten Berufsausbildungen gibt, die jede für sich ein spezielles Fachwissen vermitteln und somit für eine bestimmte Klientel qualifizieren.

3.2 Tiergestützte Pädagogik und Therapie mit Lamas und Alpakas

3.2.1 Artspezifische Aspekte und Anforderungen

Wie bereits eingangs erwähnt, müssen sich die tiergestützte Pädagogik und die tiergestützte Therapie durchaus nicht nur auf die klassischen Heim- oder Haustiere beschränken sondern beinhalten auch den methodischen Einsatz landwirtschaftlicher Nutztiere. Tiergestützte Interventionen mit Neuweltkameliden haben in den letzten Jahren Eingang in viele qualifizierte pädagogische und/oder therapeutische Projekte gefunden.

Eine qualifizierte tiergestützte Arbeit ist jedoch nur dann möglich, wenn das eingesetzte Tier mit seinen artspezifischen Eigenschaften und Bedürfnissen sowohl zum Anbieter als auch zu den Klienten und den formulierten Zielsetzungen passt.

Bei der Auswahl einer speziellen Tierart für die Tiergestützte Pädagogik/Therapie muss der Anbieter deswegen zunächst zwingend artspezifische Aspekte und Anforderungen an die Haltung der Tiere berücksichtigen, denn nur artgerecht gehaltene Tiere, mit denen man ihrer Art entsprechend umgeht , sind gesunde, zufriedene und zuverlässige pädagogische oder therapeutische Begleiter.

Auf die generellen Haltungsbedingungen für Lamas und Alpakas kann hier nicht näher eingegangen werden, mehrere spezielle Fachbücher zu diesem Thema informieren ausführlich über die Anforderungen an die Haltung von Neuweltkameliden.[3,7,11]

Im Hinblick auf den Einsatz in der Pädagogik und Therapie ist bei Neuweltkameliden darüber hinaus auf die folgenden Eigenschaften besonders zu achten:

Lamas und Alpakas verlassen als Herdentiere nur ungern allein den Herdenverband. Zusätzlich bevorzugen sie als Weidetiere ihre natürliche Umgebung als primären Aufenthaltsort.

Sie lernen im Rahmen des Trainings zwar sehr schnell, dass das angelegte Halfter Arbeitszeit bedeutet. Diese „Arbeit" verrichten sie durchaus gern, aber nicht auf ihrer Weide, auf der sie ihre „Freizeit" verbringen.

In der tiergestützten Praxis muss deswegen neben der nötigen Weidefläche und in Sichtweite zu den Artgenossen ein Platz angelegt werden, auf dem mit den Tieren, die im Training oder im pädagogischen oder therapeutischen Einsatz sind, separat gearbeitet werden kann.

Wanderungen als methodisches Element im Rahmen tiergestützter Interventionen müssen immer mit mindestens zwei Tieren geplant werden. Dies erfordert entweder die Anwesenheit eines Assistenten, der das zweite Tier führt, oder die Kopplung von zwei parallel laufenden tiergestützten Interventionen und dadurch die Anwesenheit zweier tiergestützt arbeitender Fachkräfte.

Lamas und Alpakas sind mehr ortsverbunden als mit dem Menschen verbunden: im Gegensatz zu Hunden, die ihren Halter als Rudelsführer ansehen und mit ihm bedingungslos zu jedem Ort gehen oder fahren, geben sie ihrer Heimatweide und ihrer Herde den Vorzug vor häufigen Ortswechseln.

Tiergestützte Interventionen mit Neuweltkameliden finden deswegen in der Regel auf dem

Hof/dem Grundstück des Anbieters statt. Hier fühlen die Tiere sich sicher und sind offen und gelassen gegenüber fremden Menschen und deren unterschiedlichen Persönlichkeiten und Verhaltensweisen. In fremder Umgebung dagegen müssen sie sich mit der für Fluchttiere typischen Vorsicht nicht nur mit einer zunächst völlig fremden Umgebung auseinandersetzen, sondern dazu noch mit fremden Menschen. Dies kann durchaus dazu führen, dass selbst sehr gelassene und ruhige Tiere nervös werden und Stresssymptome zeigen: ungute Bedingungen für eine erfolgversprechende pädagogische oder therapeutische Arbeit.

Selbstverständlich kann man die Tiere ganz grundsätzlich auch dahingehend trainieren, dass sie sich regelmäßig verladen lassen, um zu einer Institution gebracht zu werden, an der tiergestützte Interventionen stattfinden. Hierbei sollten die Einsätze mit den Tieren in jedem Fall draußen und an einem Platz stattfinden, der entsprechend eingezäunt ist und mit einem Futterplatz, einer Tränkemöglichkeit sowie einem Ruheplatz/einer Rückzugsmöglichkeit für die Tiere ausgestattet ist.

Die Innenräume von Institutionen jeglicher Art gehören nicht zur natürlichen Umgebung von Neuweltkameliden und können mit ihren speziellen und fremden Geräuschen und Gerüchen weitere Stress auslösende Faktoren für Neuweltkameliden sein.

Hinsichtlich der oben genannten artspezifischen Eigenschaften und Bedürfnisse von Neuweltkameliden sollte jeder Anbieter tiergestützter Interventionen, der primär vor Ort in verschiedenen Institutionen arbeiten möchte, sich aus tierschutzrelevanten Gründen für eine andere Tierart entscheiden.

Hinsichtlich ihres artspezifischen Verhaltens ist bei Lamas und Alpakas besonders zu berücksichtigen, dass sie Herden- und gleichzeitig Distanztiere sind. Es gehört zu ihren Eigenschaften, dass sie zwar zwingend Artgenossen brauchen und auch alles (fressen, schlafen, wiederkäuen) mit ihnen gemeinsam tun, gleichzeitig halten sie jedoch selbst zu Artgenossen ständig eine gewisse Individualdistanz ein.

Lamas und Alpakas scheuern und wälzen sich zwar, betreiben im Bereich dieses Komfortverhalten jedoch keine gegenseitige Fellpflege („grooming") und haben keine genetisch prädestinierte Veranlagung für das Streicheln.[10]

Daraus ergibt sich logisch und zwangsläufig, dass Neuweltkameliden sich auch dem Menschen gegenüber ganz grundsätzlich distanziert verhalten. Zwar ist es möglich, ihnen die Duldung der Berührungen durch Menschen anzutrainieren, dennoch brauchen Lamas und Alpakas diese „Kuscheleinheiten" Zeit ihres Lebens in der Regel nicht, sondern tolerieren sie allenfalls. Hierdurch unterscheiden sich Neuweltkameliden ganz wesentlich von anderen Tierarten wie Hunden oder Katzen, die sehr gerne von sich aus den unmittelbaren Körperkontakt zu Menschen suchen.

Lamas und Alpakas sollten als eingesetzte Tiere im Rahmen pädagogischer/therapeutischer Interventionen nicht ausgewählt werden, wenn z. B. die Förderung der taktilen Wahrnehmung durch regelmäßigen unmittelbaren Körperkontakt zum Tier durch Streicheln ein wesentlicher Bestandteil der pädagogischen oder therapeutischen Planung ist.

Erwähnt werden muss an dieser Stelle auch noch die Tatsache, dass Neuweltkameliden eine längere Zeit brauchen, um sich in einer neuen Umgebung und in einem neuen Herdenverband einzuleben. Auch hier unterscheiden sie sich deutlich von anderen Therapiebegleittieren wie beispielsweise dem Hund.

Ein einzelnes Lama oder Alpaka, das neu in einen bereits bestehenden Herdenverband kommt, benötigt zunächst Zeit, um in dieser neuen Herde seinen Platz zu finden und die Rangordnung zu klären. Außerdem braucht es Zeit, um sich an die neuen Besitzer und an seinen speziellen Trainer und Partner, den Anbieter tiergestützter Interventionen, zu gewöhnen. Dieser gesamte Prozess kann – zusammen mit dem ganz speziellen und individuellen, auf die Klienten abgestimmten Training, das der Pädagoge/Therapeut mit seinem Therapiebegleitlama/-alpaka durchführen muss – einige Wochen bis hin zu einigen Monaten dauern. Anbieter, die mit Neuweltkameliden tiergestützt arbeiten möchten, sollten sich und den Tieren diese Zeit geben, um letztendlich ein verlässliches und gut miteinander arbeitendes Team zu werden.

3.2.2 Zielgruppen

Tiergestützte Interventionen mit Lamas und Alpakas sind grundsätzlich möglich mit Kindern, Jugendlichen und erwachsenen Menschen jeder Altersgruppe.

Hierbei ist jedoch zu beachten, dass für bestimmte methodische Elemente im Rahmen tiergestützter Interventionen mit Neuweltkameliden (z. B. für das Führen der Tiere) ein Verständnis für den artgerechten Umgang mit den Tieren vorhanden sein muss. So sollte beim Führen der Tiere unter anderem nicht am Führstrick gerissen werden, der Strick nicht um die Hand gewickelt und darauf geachtet werden, dass weder Mensch noch Tier auf den Führstrick treten. Daraus ergibt sich, dass bei der Arbeit mit Kindern im Vorschul- und Grundschulalter eine besonders aufmerksame und unmittelbare Begleitung durch den Pädagogen/Therapeuten oder einen Assistenten/eine Begleitperson notwendig ist.

Das distanzierte Verhalten von Neuweltkameliden prädestiniert den Einsatz dieser Tiere besonders bei Menschen, die aus den unterschiedlichsten Gründen keinen zu nahen Kontakt mit Tieren wünschen.

Hierzu gehören besonders Menschen mit phobischen Störungen, Traumatisierungen, Suchtproblematiken, körperlichen und/oder geistigen Beeinträchtigungen, Bindungsproblematiken oder Personen mit autistischen Persönlichkeitsmerkmalen.

Lamas und Alpakas bewegen sich in der Regel langsam voranschreitend, ihre Körpersprache ist klar und gut zu erkennen. Neuweltkameliden eignen sich daher besonders gut für die pädagogische und therapeutische Arbeit mit Menschen, die verschiedenste Entwicklungsverzögerungen/Beeinträchtigungen im Bereich der Aufnahme von Sinneseindrücken und deren zentraler (= zerebraler) Verarbeitung vorweisen.

3.2.3 Inhalte

Die Methodik (= methodische Inhalte) der tiergestützten Pädagogik und Therapie mit Neuweltkameliden ist ein sehr umfassendes Thema, das im Rahmen der fachspezifischen zweijährigen beruflichen Weiterbildung AATLA (Animal Asssisted Therapy with Llamas and Alpacas) einen wesentlichen Schwerpunkt bildet und insofern im Rahmen dieses Buches nur angerissen werden kann.

Grundsätzlich sind die Inhalte der tiergestützten Interventionen abhängig vom Hilfe- oder Förderbedarf des Klienten und den sich daraus ergebenden Zielformulierungen des tiergestützt arbeitenden Pädagogen/Therapeuten.

Diese Zielformulierungen können sehr unterschiedlich sein: Ein Arzt formuliert unter medizinischen Aspekten ganz andere Ziele als ein Heilpädagoge unter heilpädagogischen oder ein Psychologe unter psychologischen Aspekten.

Für den Ablauf und die Inhalte tiergestützter Interventionen mit Lamas und Alpakas kann es aus diesem Grund kein allgemeingültiges Schema geben, ebenso keine allgemeingültige Aussagen darüber, welche Ausbildung/welches spezielle Training Neuweltkameliden durchlaufen haben sollten, um im pädagogischen oder therapeutischen Kontext erfolgreich eingesetzt werden zu können. Dies wird in den unter 3.2 genannten Definitionen deutlich, die als Kriterium unter anderem ein „spezifisch trainiertes Tier" beinhalten.

Desweiteren wird aus den Definitionen und den Erläuterungen dazu deutlich, dass es eine Vielzahl von pädagogischen, pflegerischen und pädagogischen beruflichen Grundausbildungen gibt, in deren Fachgebieten dann konkret praktisch tiergestützt gearbeitet werden kann.

Die konkrete berufliche praktische Arbeit „an sich" ist gekennzeichnet durch das spezielle Fachwissen und durch die dem Beruf zugrunde liegenden Zielsetzungen: So hat beispielsweise ein Krankengymnast die Aufgabe, Bewegungsbeeinträchtigungen jeglicher Art zu behandeln, während ein Psychologe sich auf seelische Beeinträchtigungen seiner Klienten konzentriert und ein Sozialpädagoge beispielweise Problemstellungen seiner Klienten fokussiert, die im sozialen Umfeld ihren Ursprung und Handlungsbedarf haben.

Entsprechend unterschiedlich sind dann natürlich die inhaltlichen Planungen der tiergestützten Arbeit und die Vorüberlegungen, die die Angehörigen der verschiedenen Berufsgruppen machen müssen:

Der Krankengymnast muss überlegen, ob und wie sein Klient mit dem Tier zusammenkommen kann, wie rollstuhlgeeignet er beispielsweise welchen Bereich seines Hofes gestalten muss, ob dem Klienten aktive Bewegungen möglich sind und Weiteres. Der Psychologe wird unter anderem beachten, wie viel Nähe des Tieres der Klient aufgrund bestimmter seelischer Störungen zulassen kann bzw. wie viel Distanz er braucht und ob bestimmte Handlungen am oder mit dem Tier verstärkend auf psychische Störungen einwirken. Der Sozialpädagoge hingegen wird vorüberlegen, ob Gruppen- oder Einzelsitzungen sinnvoll sind, welche Gruppentätigkeiten am oder mit dem Tier auf welche Weise das soziale Miteinander fördern und die Sozialkompetenzen seiner Klienten stärken werden und Ähnliches.

Ausgerichtet auf die Vorüberlegungen und Zielsetzungen wählen die Angehörigen verschiedener Berufsgruppen dann durchaus unterschiedliche methodische Vorgehensweisen, um bedarfsgerecht und zielorientiert tiergestützt zu arbeiten.

Das Spektrum möglicher methodischer Elemente innerhalb tiergestützter Interventionen mit Neuweltkameliden umfasst hierbei zum einen alle unmittelbaren Aktionen mit Neuweltkameliden wie die Pflege und Versorgung der Tiere, Wanderungen und Parcoursarbeit, zum anderen aber auch alle Tätigkeiten, die nur indirekt mit den Tieren im Zusammenhang stehen. Hierzu können beispielsweise Bewegungsaufgaben im Stall der Tiere gehören, ein Verweilen auf der Weide der Tiere oder kreative Angebote mit der Wolle von Lamas und Alpakas.

Tiergestützte Interventionen mit Lamas und Alpakas sind immer gekennzeichnet durch eine sehr differenzierte Zielformulierung, eine darauf ausgerichtete sorgfältige und am Klienten orientierte methodische Planung und eine anschließend zu erfolgende Reflexion.

Damit diese Qualitätsstandards erfüllt und gehalten werden können, bedarf es neben der Beachtung artspezifischer Bedürfnisse von Neuweltkameliden der Auswahl geeigneter Tiere und eines spezifischen, ebenfalls klientenorientierten Trainings der Tiere.

3.3　Auswahl der Tiere

3.3.1　Lamas oder Alpakas?

Noch vor einigen Jahren wurde der Einsatz von Lamas bei pädagogischen oder therapeutischen Interventionen favorisiert. Alpakas galten vorrangig als reine Weidetiere, die besonders wegen ihrer hochwertigen Wolle gehalten wurden. Die Lern- und Merkfähigkeit von Lamas wurde höher eingestuft als die von Alpakas.

Mittlerweile haben die kleineren Alpakas ebenso ihren Platz in der Pädagogik und Therapie gefunden. Für welche Art sich der Anbieter entscheidet, ist natürlich zunächst abhängig von seiner persönlichen Vorliebe.

Dennoch sollte Folgendes bedacht werden: Wer sicher weiß, dass er hauptsächlich mit Kindern bis zum Einsetzen der Pubertät und somit des Wachstumsschubes arbeiten möchte, sollte die Anschaffung von Alpakas durchaus in Betracht ziehen.

Zwar gehen Lamas äußerst vorsichtig mit kleinen Menschen um und vom Tierverhalten her bestehen ganz grundsätzlich keine Bedenken gegen den Einsatz von Lamas auch bei kleinen Kindern, aber die Bedenken bestehen oft bei den Kindern selbst: Haben kleine Kinder besonders zu Beginn von tiergestützten Interventionen die Auswahl, ob sie mit Lamas oder Alpakas arbeiten möchten, entscheiden sie sich in der Regel für die kleineren Alpakas.

Ein ganz besonderer Effekt in der tiergestützten Arbeit mit Neuweltkameliden wird erreicht, wenn die Klienten mit den Tieren auf einer etwa gemeinsamen Augenhöhe sind, denn die Köpfe und besonders die großen Augen der Neuweltkameliden wirken beruhigend auf nahezu alle Menschen. Ein sehr kleines Kind schaut allenfalls auf den Hals, manchmal nur auf

Zum Vergleich: Mit dem kleineren Alpaka kann das Kind Augenkontakt aufnehmen, das größere Lama befindet sich deutlich über ihrer Augenhöhe.

die Brust des Tieres, wenn es sich nah bei einem großen Lama aufhält und die Faszination, die vom Gesicht der Tiere ausgeht, kann nicht genutzt werden.

Gleiches gilt für Anbieter, die im Kontext ihres Grundberufes sehr viel mit Rollstuhlfahrern arbeiten. Zwar kann man Lamas antrainieren, ganz nah an einen Rollstuhl heranzutreten und durch leichtes Zupfen am Führstrick den Kopf kurzzeitig zu senken, dennoch ist die Distanz zur Person im Rollstuhl sehr groß und auch sie schaut längerfristig allenfalls auf die Brust des Tieres.

Auch in diesem Fall bietet sich der Einsatz der wesentlich kleineren Alpakas an, die ebenso wie Lamas durch entsprechendes Training gut an das Verweilen am Rollstuhl gewöhnt werden können.

Ganz wesentlich für die Entscheidung, ob Lamas oder Alpakas eingesetzt werden sollen, ist vor allem der folgende Aspekt.

Eine Grundvoraussetzung für erfolgreiche tiergestützte Interventionen ist die gut funktionierende Kommunikation zwischen Mensch und Tier. Da Tiere nicht über die menschliche Sprache (= digitale Kommunikation) verfügen, kann diese Kommunikation nur analog sein, das heißt Menschen und Tiere verständigen sich durch die Beachtung ihrer Körperhaltungen, Bewegungen, ihres Gesichtsausdrucks und die Sprache der Augen. Neuweltkameliden informieren sich untereinander und uns Menschen besonders durch ihre Kopf- und Ohrhaltung und die Stellung ihres Schwanzes darüber, in welcher Verfassung sie sind: ruhig, entspannt und aufmerksam, erregt, in höchster Alarmbereitschaft oder gar aggressiv.

Wenn tiergestützt mit Lamas und Alpakas gearbeitet wird, müssen die Klienten die Körpersprache der Neuweltkameliden kennenlernen und deuten können, damit sie sich am Tier entsprechend verhalten können. Kleine oder sitzende Personen sehen jedoch nur die Beine und die Brust von Lamas, wenn sie nah am Tier positioniert sind und können insofern die Signale von Kopf, Ohren und Schwanz nicht sehen und nicht deuten. Die Kommunikation zwischen Mensch und Tier ist gestört.

Insofern bietet es sich auch aus diesem Grund an, für Kinder und sehr kleine oder dauerhaft sitzende Menschen Alpakas für den pädagogischen/therapeutischen Einsatz auszuwählen.

3.3.2 Hengste, Wallache oder Stuten?

Ganz grundsätzlich eignen sich Wallache am Besten für eine regelmäßige tiergestützte Arbeit.

Wenn in Sichtweite keine Stuten vorhanden sind, können auch Hengste gehalten und eingesetzt werden. Sind Stuten in der Nähe, ist hiervon jedoch dringend abzuraten bzw. immer und sorgfältig auf einen großen räumlichen Abstand zwischen den Stuten und Hengsten zu achten, da die Hengste ihrem Instinkt zur Fortpflanzung sehr energisch folgen und extrem unruhig werden können.

Stuten eignen sich durchaus auch für die tiergestützte Arbeit. Hierbei ist jedoch zu bedenken, dass tragende und laktierende Stuten nicht arbeiten sollen, sondern Ruhe benötigen, ihr Fohlen auszutragen und anschliesend zu versorgen. Insofern gibt es immer lange Zeiträume, in denen Stuten nicht eingesetzt werden können, wenn der Halter auch zeitgleich mit ihnen züchten möchte.

3.3.3 Anzahl der Tiere

Lamas und Alpakas sind Herdentiere und dürfen nicht allein gehalten werden. Sie brauchen mindestens einen Artgenossen, allerdings ist bereits eine Dreiergruppe weitaus harmonischer miteinander als nur zwei Tiere.

Wenn die Tiere ganz regelmäßig und täglich bei tiergestützten Interventionen eingesetzt werden muss die Herdengröße angepasst werden. Es kann sein, dass ein Einsatz einzelner Tiere nicht möglich ist, beispielsweise bei Krankheiten oder einer vorliegenden schlechten Tagesform und Unlust, die Neuweltkameliden wie jedes andere Tier und jeder Mensch durchaus ab und zu haben können.

Wer ganz am Anfang der Herdenzusammensetzung steht kann bei demselben Züchter gleich zwei oder drei Tiere kaufen, die sich gut verstehen. Neuweltkameliden haben innerhalb einer Herde durchaus Vorlieben für oder Abneigungen gegen bestimmte Artgenossen. Es kann vorkommen, dass bei Einzelkäufen keine gute Integration in eine bestehende Herde erfolgt und langfristig aggressives Verhalten der Tiere untereinander den Tagesablauf bestimmt. Dies beeinträchtigt nicht nur das nötige gelassene Verhalten der Tiere für eine erfolgreiche tiergestützte Arbeit sondern kann im Extremfall sogar erfordern, dass Tiere wieder verkauft werden müssen.

Wer mit unterschiedlichen Altersgruppen tiergestützt arbeitet, kann sich aus den oben genannten Gründen für den Kauf von Lamas *und* Alpakas entscheiden, denn Lamas und Alpakas sind sehr gut miteinander zu vergesellschaften. Hierbei ist jedoch zu beachten, dass die Tierarten zwar miteinander verwandt, dennoch aber unterschiedlich sind.

Lamas und Alpakas lassen sich gut miteinander vergesellschaften, suchen jedoch in der Regel die Nähe der unmittelbaren Artgenossen.

Ein Alpaka allein fühlt sich in einer Lamaherde nicht so wohl wie zusammen mit einem Artgenossen. Gleiches gilt umgekehrt für ein einzelnes Lama in einer Alpakaherde.

Da das Wohlbefinden aus Tiersicht die beste Grundlage für gute tiergestützte Interventionen ist empfiehlt sich bei einer gemischten Herde deswegen der Kauf von mindestens zwei Lamas und mindestens zwei Alpakas.

3.3.4 Charakterliche Voraussetzungen bei den Tieren

Die Züchter von Lamas und Alpakas sind in der Regel selbst keine Pädagogen oder Therapeuten und können nicht wissen, welche speziellen Fähigkeiten und Trainings die Tiere für tiergestützt arbeitende Spezialisten haben müssen.

Der Anspruch der Käufer bei der Auswahl kann deswegen nicht sein, dass die Züchter ihnen das perfekte „Therapietier" verkaufen.

Wenn auch keine allgemeingültigen Aussagen über das Können von Lamas und Alpakas in pädagogischen oder therapeutischen Situationen getroffen werden können ist es dennoch möglich, bestimmte Grundvoraussetzungen zu formulieren, die Neuweltkameliden erfüllen sollten, wenn sie sehr häufig und sehr eng mit Menschen zusammenarbeiten sollen:

Die ausgewählten Tiere dürfen nicht zu jung sein. Wenngleich Lamas und Alpakas relativ weit entwickelt zur Welt kommen benötigen sie in der Regel mehrere Jahre, um sich charakterlich zu entwickeln und zu festigen. Sie durchlaufen eine pubertäre Phase und sind in dieser Zeit nicht selten unruhig und ungestüm.

Neuweltkameliden, die in der Pädagogik und Therapie eingesetzt werden, müssen vor allem gesund sein und einen korrekten Körperbau haben. Worauf beim Körperbau zu achten ist, kann in entsprechenden Fachbüchern nachgelesen werden.[3,7]

Bei blauäugigen Tieren ist zu überprüfen, ob eine Taubheit vorliegt. Bei tiergestützten Interventionen werden Neuweltkameliden mit einer weitaus höheren Anzahl von Außenreizen konfrontiert als reine Weidetiere. Uneingeschränkte Sinnesfunktionen sind hierbei eine Grundvoraussetzung. Der Einsatz von tauben Tieren bei pädagogischen oder therapeutischen tiergestützten Maßnahmen ist aus diesem Grund zu vermeiden.

Gut sozialisierte Neuweltkameliden verhalten sich den Menschen gegenüber in der Regel freundlich-distanziert, dennoch gibt es im Hinblick auf den Grad der Distanziertheit durchaus unterschiedliche Ausprägungen. Es gibt Lamas und Alpakas, die Zeit ihres Lebens wirklich nicht mit Menschen kooperieren möchten, sie benötigen uns lediglich als Lieferanten für Futter und Wasser. Diese Tiere reagieren auf Menschen grundsätzlich äußerst nervös und mit einer klar erkennbaren Körperhaltung: Die Ohren bleiben ständig angelegt, der Schwanz steil aufgerichtet, unter den Augenlidern bildet sich die so genannte „Stressfalte".

In dieser Situation ist das Lama eindeutig gestresst: Der Kopf ist erhoben und die Ohren sind weit angelegt.

Selbstverständlich kann der Halter auch mit diesen Tieren trainieren und die Tiere sind ebenso lernfähig wie ihre weniger distanzierten Artgenossen. Aus tierschutzrelevanter und ethischer Sicht ist von einem Einsatz dieser Charaktere jedoch abzuraten, denn die Arbeit mit Menschen ist für sie ein permanenter Stresszustand.

Neuweltkameliden sollten für den Einsatz in der Pädagogik und Therapie ein Interesse für Menschen besitzen und eine gewisse Gelassenheit bei der Zusammenarbeit mit Menschen an den Tag legen, erkennbar an einer vornehmlich entspannten Körperhaltung (aufgestellte Ohren, aufmerksamer und der Situation zugewandter Blick, kein ständig erhobener Schwanz, keine Stressfalte unter dem Auge).

Entspanntes und aufmerksames Lama.

Vor dem Tierkauf sollte der Pädagoge/Therapeut zunächst klar für sich formulieren, mit welcher Zielgruppe er tiergestützt arbeiten möchte. Hiervon und von den sich daraus ergebenden wahrscheinlichen Inhalten der tiergestützten Interventionen ist abhängig, ob er ein Lama/Alpaka benötigt, das beispielsweise über spezielle und ausdauernde Qualitäten als Wanderbegleiter oder primär über Qualitäten verfügen sollte, das es für den Einsatz mit körperbehinderten Menschen/Rollstuhlfahrern auszeichnet. Da sich der Kauf von nicht zu jungen Tieren empfiehlt (mindestens ein- bis zweijährig) können Züchter durchaus eine Auskunft darüber geben, ob die ausgesuchten Tiere und deren Elterntiere lauffreudig und gelassen im Gelände oder am Halfter geduldig sind und gut ruhig stehen können.

Bei den darauf folgenden Besuchen bei möglichst mehr als einem Züchter sollte der Pädagoge/Therapeut zunächst besonders darauf achten, dass die Tiere sich so verhalten, wie es bei korrekt geprägten und artgerecht sozialisierten Neuweltkameliden zu erwarten ist: freundlich, aber distanziert. Ein kurzes neugieriges Beschnuppern des Besuchers ist üblich, dann sollte jedoch ein Abwenden vom Menschen erfolgen.

Vorsicht ist geboten, wenn sich die Tiere – besonders Hengste oder Wallache – beim Gang auf die Weide nicht nur kurz nähern, sondern ausgiebig schnuppern oder gar stupsen und hartnäckig in der Nähe des Menschen bleiben. Dies könnte ein Anzeichen für eine vorliegende Fehlprägung, das „Berserk-Male-Syndrom" sein. Derartig fehlgeprägte Tiere können mit dem Beginn der Geschlechtsreife eine Gefahr für Menschen oder bestimmte Gruppen von Menschen werden, da sie diese als vermeintliche Konkurrenten einstufen und wie andere männliche Artgenossen bekämpfen.[7]

Lamas und Alpakas sind keine „Kuscheltiere" (s. 3.2.1) und leider wird das gefährliche fehlgeprägte Verhalten beim vorliegenden oder sich anbahnenden Berserk-Male-Syndrom immer wieder als Merkmal für besonders zutrauliche und insofern besonders für tiergestützte Interventionen geeignete Tiere fehlinterpretiert oder gar von fachunkundigen Tierhaltern angepriesen.

Fehlgeprägte Tiere zu re-sozialisieren gelingt nur in den seltensten Fällen sehr erfahrenen Züchtern. In der Regel jedoch müssen sie wegen der von ihnen ausgehenden Gefahr für Menschen getötet werden!

In der tiergestützten Arbeit bilden der Pädagoge/Therapeut und das eingesetzte Lama/Alpaka ein Team, denn das Tier begleitet den Anbieter unmittelbar in seinem beruflichen Handlungsfeld (3.1). Wie in einer erfolgreichen Mensch-Mensch-Zusammenarbeit funktioniert dieses Team umso besser, wenn eine gute Beziehung zwischen dem Tier und dem Menschen vorliegt, die „Chemie" muss stimmen.

Der Käufer sollte bei der Auswahl seines Begleittieres deswegen auch auf seine Intuition

achten: Welches Tier aus der Herde spricht ihn ganz besonders an, für welches Tier würde er sich ganz unabhängig von weiteren Informationen vom Gefühl her entscheiden?
Vom Züchter sollte der Käufer dann weitere Informationen zu seinem favorisierten Tier erfragen. Was für einen Charakter hat das Tier, welche Charaktereigenschaften die Mutter/der Vater? Er sollte sich nach Möglichkeit die Elterntiere zeigen lassen und ebenfalls beobachten, wie ist ihr Körperbau, wie verhalten sie sich, sind es ruhige oder eher sehr nervöse Tiere, was sind die herausragenden Charaktereigenschaften?
Den Ausbildungsstand der Tiere kann der Käufer ebenso erfragen, wenngleich das Training und die Ausbildung nicht primär entscheidend für den Kauf sein müssen (3.4).
Für Neueinsteiger in der Haltung von Neuweltkameliden empfiehlt sich der Kauf von Tieren, die mit bestimmten Pflegemaßnahmen (Nägel schneiden, Schur) bereits vertraut und halterführig sind. Wie bei jeder Anschaffung von Tieren sind unerfahrene Halter und unerfahrene Tiere eine ungünstige Konstellation, die beim Handling und Training der Tiere zu großen Schwierigkeiten führen kann.

3.4 Ausbildung und Training der Tiere

Für sehr viele Tierarten gibt es mittlerweile Richtlinien für eine Eignungsprüfung, wenn die Tiere bei tiergestützten Interventionen eingesetzt werden.
Im Hinblick auf gewisse zugrundeliegende Charaktereigenschaften und Verhaltensweisen können derartige Eignungstests durchaus Sinn machen: Ein Hund mit einer geringen Beißhemmung ist natürlich völlig ungeeignet für die tiergestützte Arbeit.
Die nötigsten charakterlichen Grundvoraussetzungen für Lamas und Alpakas sind bereits aufgeführt (3.3.4). Ergänzt werden muss hier noch ein weiterer Aspekt:
Um die nötigen Pflegemaßnahmen (Nagelpflege, Schur, Gesundheitskontrolle am gesamten Körper) durchführen zu können und ein Austreten der Tiere in Schrecksituationen zu vermeiden sollten Neuweltkameliden an Berührungen am ganzen Körper und das Anheben der Beine gewöhnt werden. Hierzu gehört auch die Duldung von Berührungen durch den Halter im Gesicht, denn oft sitzen Fremdkörper (Heuhalme oder Augensekret) an den Augen der Tiere und sie schaffen es nicht, diese selbst zu entfernen.
Vom Klienten sollte und muss ein Lama oder Alpakas sich jedoch nicht ständig am Kopf und im Gesicht berühren lassen! Lamas und Alpakas sind Fluchttiere und alle Fluchttiere wollen instinktiv immer eine uneingeschränkte Sicht und ein uneingeschränktes Gehör haben, um Situationen hinsichtlich der von ihnen ausgehenden Gefahr einschätzen zu können.

Fluchttiere mögen es überhaupt nicht, wenn sie ständig im Gesicht berührt werden und entwickeln im ungünstigsten Fall eine stark ausgeprägten Kopfscheu, werfen bereits beim Anhalftern den Kopf herum, wodurch diese Tätigkeit immer schwieriger wird. Darüber hinaus besteht besonders dann, wenn kleine Kinder oder Menschen mit motorischen Beeinträchtigungen Neuweltkameliden im Gesicht streicheln, eine hohe Verletzungsgefahr für die großen Augen.

Alle weiteren Ausbildungen sind dann absolut abhängig von dem Grundberuf des Anbieters und der Zielgruppe, bei der die Tiere zum Einsatz kommen. Insofern ist es die Aufgabe des Halters, seine Tiere entsprechend zu trainieren. Standardisierte Anforderungen an den Ausbildungsstand von Begleitlamas oder Begleitalpakas sind nicht nur schwierig sondern in manchen Fällen auch nicht sinnvoll.

Dazu einige Beispiele:

- Mittlerweile werden viele Neuweltkameliden in stationären Wohneinrichtungen der Behindertenhilfe oder in Werkstätten für behinderte Menschen gehalten. Die Ausbildung und das Training der Tiere gehören hier zur pädagogischen oder therapeutischen Planung. Diese Einrichtungen müssen über Tiere verfügen, die in der Ausbildung noch etwas lernen können und lernen müssen. Perfekt ausgebildete Tiere würden hier für die formulierten Ziele sogar wenig hilfreich sein.
- Im Rahmen der Erlebnispädagogik werden Lamas und Alpakas vorrangig bei stundenweisen bis zu mehrtägigen Trekkingtouren eingesetzt. Diese Tiere müssen hinsichtlich einer guten Kondition bei langen Wanderungen und einer Gelassenheit bei unvermutet auftretenden Situationen trainiert und desensibilisiert werden. (z. B. Begegnung mit fremden Hunden, Wildtieren oder Reitern). Wenn diese Wanderungen/Trekkingtouren nicht für körperbehinderte Menschen in Rollstühlen ausgerichtet sind, müssen die Tiere nicht zwingend an Rollstühle und das geduldige Verweilen neben ihnen gewöhnt werden.
- Einige Anbieter aus dem heil- und sonderpädagogischen Bereich arbeiten primär mit Menschen, deren geistige Fähigkeiten und als Folge davon elementare Bereiche der Bewegungskoordination in unterschiedlichen Ausprägungen beeinträchtigt sind. Zur Förderung der Bewegungskoordination wird hierbei unter anderem im Hindernisparcours gearbeitet, der individuell an die Fähigkeiten der Klienten angepasst werden muss. Allgemeine Aussagen darüber, welchen Abstand zu umlaufende Hindernisse oder welche Höhe zu übersteigende Hindernisse haben müssen lassen sich hier nicht formulieren, denn sie widersprächen einer klientenzentrierten Planung tiergestützter Interventionen. Konkret bedeutet das: wenn es für die Klienten dieser Anbieter bereits eine Höchstleis-

tung ist, zehn Zentimeter hohe Hindernisse zu übersteigen, muss auch das Lama oder Alpaka lernen, diese Höhe zu übersteigen und nicht unbedingt dreißig Zentimeter oder mehr zu übersteigen/zu überspringen.
- Im Rahmen der Kinder- und Jugendhilfe arbeiten Anbieter tiergestützter Interventionen häufig mit Klienten, die ein gestörtes Nähe- und Distanzverhalten haben oder schwere Traumatisierungen vorweisen. Eine reine Beobachtung der Tiere ist bei traumatisierten Kindern anfangs der inhaltliche Schwerpunkt der pädagogischen/therapeutischen Arbeit. Dafür eignen sich zunächst natürlich auch unausgebildete Tiere.[1]

Bei Kindern, deren Nähe- und Distanzverhalten Störungen hat und die häufig Grenzen überschreiten, benötigt der Anbieter ein Lama oder Alpaka, das von sich aus Grenzen aufzeigt, beispielsweise deutliches Abwehrverhalten zeigt und zurückweicht, wenn ihm ein Verhalten des Kindes nicht gefällt. Hier muss der Trainingschwerpunkt keineswegs darin liegen, dem Tier ein geduldiges Ausharren in allen Situationen beizubringen. Ein derartiger Trainingsschwerpunkt wäre hier sogar kontraproduktiv für die Zielsetzungen der pädagogischen oder therapeutischen Interventionen.

Es wird deutlich, dass spezielle Zielgruppen spezielle Trainings der Tiere erfordern und für einige Zielgruppen auch unausgebildete Lamas/Alpakas sehr gute Therapiebegleittiere sind.

Der Anbieter muss also individuell überlegen, über welches Können seine Tiere für den Einsatz bei seinen Klienten verfügen müssen und trainiert genau diese Fähigkeiten mit seinen Lamas oder Alpakas.

Ganz generell ist ein Tiertraining besonders dann erfolgreich, wenn der Trainer nicht das Tier und sein Verhalten „vermenschlicht" sondern vielmehr sich selbst und seine Trainingsme-

Entspanntes Lama im Training: das Tier ist nicht gestresst und folgt dem Trainer aufmerksam und bereitwillig.

Diese Stute absolviert hier ihr erstes Führtraining über Bodenhindernisse sehr aufmerksam und entspannt.

thode „vertierlicht". Das heißt für das Training von Neuweltkameliden, dass der Trainer sich gut über das artspezifische Verhalten des Fluchttieres Lama/Alpaka informieren sollte und sein gesamtes Trainingsprogramm darauf abstimmt. Besonders beim Training von Neuweltkameliden für den Einsatz bei tiergestützten Interventionen ist zu beachten, dass das Tier nie sein Vertrauen zum Menschen verlieren darf und sich immer sicher fühlen muss. Dies sind die besten Voraussetzungen, um beim Tier ein Interesse und eine Freude an der regelmäßigen Arbeit mit Menschen zu wecken und zu erhalten.

Eine sehr geeignete Vorgehensweise ist hierbei ein Training nach der von Marty McGee Bennett entwickelten Methode „Camelidynamics- Handling und Training von Lamas und Alpakas mit TTEAM".[4]

In Deutschland werden regelmäßig Grundlagenkurse von Marty McGee Bennett oder von einem bei ihr ausgebildeten Trainer angeboten und es ist jedem Anbieter tiergestützter Intervention zu empfehlen, einen derartigen Kurs zu besuchen.

Lamas und Alpakas, die ganz grundsätzlich Vertrauen zu „ihrem" Menschen haben und artgerecht trainiert werden, begeben sich aufgrund *nicht* gemachter schlechter Erfahrungen gerne mit ihrem Trainer in neue Situationen, lernen bereitwillig, arbeiten ausdauernd mit und entwickeln sich zu verlässlichen Begleittieren bei tiergestützten Interventionen.

3.5 Wissenswertes

Die Anbieter von tiergestützten Interventionen arbeiten in der Regel selbständig oder im Auftrag/in Kooperation mit ihren Arbeitgebern.

In jedem Fall müssen die tierschutzrechtlichen und versicherungsrechtlichen Auflagen der jeweiligen Länder beachtet werden, um sich selbst als Anbieter und auch die Klienten vor Schaden und eventuellen Schadensersatzansprüchen zu schützen und um die tierschutzrechtlichen Bedingungen zu erfüllen.

Eine Übersicht über die wichtigsten rechtlichen Auflagen liefern im Anhang die Kapitel *Rechtliche Rahmenbedingungen* und *Versicherungen*.

Anbieter, die in einem Angestelltenverhältnis tiergestützt arbeiten, müssen bei ihrem Arbeitgeber mit den dort zuständigen Ansprechpartnern versicherungsrechtliche und tierschutzrelevante Aspekte klären.

Literatur Kapitel 3:

(1) ANDREAE DE HAIR, I. (2009): Neuweltkameliden im Kontext der Kinder- & Jugendhilfe und Traumapädagogik mit der Hilfe von Neuweltkameliden, LAMAS, Herbst 2009

(2) ARKOW, P. (1993): Pet Therapy. A Study and Resource Guide. Colorado Springs: The Humane Society of the Pikes Peak Region

(3) GAULY, M. (2002): Neuweltkameliden – Ein Leitfaden für Halter, Züchter und Tierärzte, Parey, Berlin

(4) McGEE BENNET, M. (2006): Das Kameliden-Kompendium – Handling und Training von Lamas und Alpakas mit TTEAM

(5) OLBRICH, E. (2007): Psychologie der Mensch-Tier-Beziehung, AATLA-Skript 2007

(6) OLBRICH, E. (2008): Die Mensch-Tier-Beziehung aus psychologischer Sicht, AATLA-Skript 2008

(7) RAPPERSBERGER, G. (2008): Lamas und Alpakas. Ulmer, Stuttgart

(8) ROSS, S. B. (1998): The evolving role of animals and the needs of youth: A review of 50 years of programming for the integration of humans and animals.
Vortrag bei der 8th International Conference on Human-Animal Interaction, Prag, September

(9) VERNOOIJ, S./SCHNEIDER, S. (2008): Handbuch der Tiergestützten Intervention, Quelle & Meyer, Wiebelsheim

(10) WENZ, C. (2007): Ethologie von Lamas und Alpakas, AATLA-Skript 2008

(11) ZANOLARI, P./SCHÖNMANN, M. (2008): Neuweltkameliden – Praktische Informationen zur Haltung von Neuweltkameliden, BGK, Herzogenbuchsee

(12) www.deltasociety.org/Page.aspx?pid=320 (24.02.2010)

4 Landschaftspflege mit Neuweltkameliden
W. Egen

In dicht besiedelten und land- und forstwirtschaftlich intensiv genutzten Gebieten wie der Bundesrepublik Deutschland finden sich kaum noch Regionen, die man als Landschaft im Sinne der Definition von Alexander von Humboldt bezeichnen könnte. Vielmehr stellt sich die Landschaft wie wir sie heute kennen als Kulturlandschaft dar, die seit Jahrhunderten durch eine Bewirtschaftung geprägt und geformt ist.

Unter Berücksichtigung der Naturschutzbelange haben Landschaftspflegemaßnahmen das Ziel, diese historisch gewachsene Kulturlandschaft zu erhalten und damit verbunden wertvolle Lebensräume verschiedenster Tier- und Pflanzenarten nachhaltig zu sichern. Ohne solche Pflegemaßnahmen würden brachliegende Flächen auf Dauer verwildern und Lebensräume verloren gehen.

Häufig sind solche Maßnahmen zur Landschaftspflege auf kleinen, naturschutzfachlich wertvollen Flächen notwendig. Flächen in unzugänglichen Bereichen, auf sensiblen Standorten oder in Naturschutzgebieten. Mechanische Pflegemaßnahmen, wie z. B. das Mähen mit der Maschine oder von Hand, sind hier in der Regel sehr arbeitsintensiv. Eine gute Alternative ist die Beweidung mit Tieren.

4.1 Landschaftspflege mit Lamas und Alpakas – Besonderheiten und Vergleich mit anderen Tierarten

Bei einer Beweidung sind Lamas und Alpakas eine hervorragende Ergänzung zu unseren bekannten Nutztieren. Das Fressverhalten der Kameliden unterscheidet sich in wesentlichen Punkten vom Fressverhalten von Rindern, Schafen und Pferden. Mit ihrer zweigeteilten Oberlippe, die fast wie Finger greifen, können die Tiere sehr gezielt Pflanzenteile aussortieren. Sie suchen sich im Pflanzenbestand die Teile aus, die ihnen schmecken und lassen weniger schmackhafte Teile stehen, wobei die Vorliebe für bestimmte Geschmacksrichtungen von Tier zu Tier stark variieren kann. Ein Vorteil von Neuweltkameliden ist, dass sie auch Pflanzen fressen, die häufig andere Nutztiere verschmähen. Neuweltkameliden fressen sehr

Kapitel 4: Landschaftspflege mit Neuweltkameliden

gern auch an Büschen und Bäumen. Im Rahmen seiner Diplomarbeit konnte T. LANGBEHN (2009) in einer vergleichenden Studie die Unterschiede zwischen Waldschafen und Lamas herausarbeiten.

Beweidungsprojekt Lamas und Waldschafe im Vergleich. Beginn der Beweidung im Juni 2008. Die frisch geschorenen Waldschafe respektierten den Elektrozaun, mit dem sich Lamas und Alpakas problemlos hüten lassen, nur in den ersten vier Wochen. Dann war die Wolle wieder so weit nachgewachsen, dass sie den Stromschlag nicht spürten. Waldschafe tragen zudem Hörner, ähnlich wie Ziegen.

Lamas auf der Pflegefläche, 3 Monate nach Weidebeginn im Juni 2009.

Die Beweidung wurde auch nach Beendigung der Studie fortgesetzt. Im zweiten Jahr der Beweidung, in dem ausschließlich Lamas mit höherer Besatzdichte eingesetzt wurden, lassen sich auf der Studienfläche deutliche Erfolge sehen. Um ein aussagekräftiges Ergebnis zu erhalten, wird diese Beweidung in den nächsten Jahren weitergeführt und die Auswirkung auf den Pflanzenbestand untersucht. Schon jetzt lässt sich aber mit Sicherheit sagen, dass Lamas in der Lage sind, die weitere Verbuschung des Geländes zu verhindern. Eine schwere Beschädigung der Fläche durch Trittschäden ist nicht zu erkennen. Das im Vergleich zu Rindern und Pferden wesentlich geringere Körpergewicht und die weichen Schwielensohlen der Kameliden sorgen dafür, dass Boden und Pflanzen geschont werden.

Lamas und Alpakas sind wie Schafe und Ziegen für die Pflege kleiner Flächen geeignet. Große Flächen können wegen der geringen Anzahl von Lamas und Alpakas in Deutschland auf absehbare Zeit noch nicht ausreichend gepflegt werden. Dies bleibt daher noch Wanderschafherden vorbehalten.

Überall dort, wo keine Wanderschafherden entlang ziehen, wo eine Koppelhaltung von Schafen und Ziegen sehr mühsam ist und wo schwere Raufutterfresser großen Schaden anrichten würden, können Neuweltkameliden bestens eingesetzt werden. Im Vergleich zur Schaf- und Ziegenhaltung ist der Hüteaufwand deutlich geringer und somit auch kostengünstiger.

Schaf- und Ziegenbestand in der BRD:

	2007	2009
Schafe	2,5 Mio.	2,4 Mio.
Ziegen	180.000	leicht steigend
Neuweltkameliden Lama/Alpaka	ca. 8.000	ca. 10.000

Quelle: Statistisches Bundesamt, www.destatis.de   (Der Bestand an Lama/Alpaka beruht auf eigener Schätzung)

Drei Monate nach Weidebeginn war der Himbeerhorst vollständig abgefressen.

Büsche und Bäume werden von den Neuweltkameliden entlaubt. Bei einem zeitigen Beweidungsbeginn im Frühjahr werden auch die Knospen abgefressen und damit längerfristig eine bestehende Verbuschung zurückgedrängt. Hohe Büsche und Bäume, deren Spitzen die Tiere nicht mehr erreichen, müssen zwangsläufig abgeholzt werden.

Neuweltkameliden fressen bevorzugt die Blütenstände vieler Distelarten.

4.2 Welche Grünflächen eignen sich?

Geeignet für eine Beweidung mit Neuweltkameliden sind alle trockenen und halbtrockenen Grünflächen. Die Beweidung mit Tieren ist immer dort von Vorteil, wo eine Bewirtschaftung mit Maschinen oder von Hand nicht möglich ist oder der Zeitaufwand und damit die Pflegekosten höher sind.

Lamas bewegen sich sehr gerne in Hanglagen. Sie grasen gerne auf trockenen Standorten und lieben das Knabbern an Büschen und Bäumen. Alpakas dagegen bevorzugen eher flache und auch etwas feuchtere Gebiete mit frischem Grün, wobei sie Büsche und Bäume nicht verschmähen.[2]

Lamas fühlen sich im hängigen Gelände wohl.

Alpakas lieben ebene und auch etwas feuchtere Flächen, bewegen sich aber auch in Hanglagen.

Reine Feuchtgebiete und Moore sind für eine Beweidung mit Neuweltkameliden nicht geeignet. Die Schwielensohlen der Tiere sind zwar nicht anfällig für Fußkrankheiten wie z. B. die Moderhinke, trotzdem müssen die Sohlen aber jeden Tag abtrocknen können. In feuchten Gebieten ist zudem die Gefahr eines Parasitenbefalls wesentlich größer als auf trockenen Flächen.

Immer mehr ehemals landwirtschaftlich genutzte Flächen fallen aus der Bewirtschaftung heraus. Diese Flächen beginnen zu verbuschen und es können sich zudem Pflanzen ausbreiten, die auf Grund ihrer Giftigkeit als Futterpflanzen ungeeignet sind. Um feststellen zu kön-

Achtung Giftpflanzen! Ja, aber welche?

Im Internet lassen sich heute zahlreiche Informationsseiten finden, die sich mit Giftpflanzen beschäftigen.

Mit den Suchwörtern

„Grünland + Giftpflanzen"
„Landschaftspflege + Giftpflanzen"
„Lamas + Giftpflanzen" oder
„Alpakas + Giftpflanzen"

lässt sich die Auswahl eingrenzen.

Eine empfehlenswerte Seite: www.clinitox.ch (Suchbegriff: Giftpflanzen)

nen, ob auf der zur Beweidung vorgesehenen Fläche Giftpflanzen wachsen, sollte auf jeden Fall schon im Jahr vor Weidebeginn der Pflanzenbestand über die gesamte Vegetationsperiode hinweg beobachtet werden. Bei Weidebeginn im Frühjahr sind bestimmte Giftpflanzen, wie z. B. das Jakobskreuzkraut oder die Herbstzeitlose oftmals noch nicht zu erkennen oder schwer zu bestimmen. Im Zweifelsfall ist es immer hilfreich, die kostenfreie Beratungsleistung der Landwirtschaftsämter und Landwirtschaftskammern in Anspruch zu nehmen. Dort stehen Ihnen Fachleute zur Verfügung, die sich mit regional typischen Pflanzen auskennen.

4.3 Besatzdichte

Der Futterbedarf der Neuweltkameliden in Form von Trockensubstanz (TS) liegt am Tag bei maximal 2 % ihres Körpergewichtes. Bei einem 100 kg schweren Tier entspricht das 2,3 kg Heu oder 12 kg Gras. Der Gehalt an strukturierter Rohfaser sollte 25 % betragen. Mit diesem Anteil an Rohfaser im Futter funktioniert die Verdauung der Tiere am besten. Bei einem frühen Weidebeginn, wenn der Rohfasergehalt im Weidegras noch sehr niedrig ist, muss für die Gesunderhaltung der Weidetiere Heu zugefüttert werden.

Der Wasserbedarf liegt bei 8 % des Körpergewichtes. Da im grünen Gras an sich sehr viel Wasser enthalten ist, gestaltet sich die Versorgung der Weidetiere mit Trinkwasser sehr einfach. Ein paar Eimer mit 10 bis 20 Liter Wasser, die jeden Tag frisch aufgefüllt werden, reichen für eine Gruppe von 10 Tieren meist aus, um die Wasserversorgung zu sichern. Weidefässer wie z. B. in der Rinderhaltung eingesetzt, werden deshalb nicht benötigt. Salzlecksteine und Mineralfutter müssen den Tieren zur freien Verfügung stehen.

Eine Gruppe von 10 bis 12 ausgewachsenen Lamas oder 16 bis 18 ausgewachsenen Alpakas haben gemeinsam ein Körpergewicht von etwa 1.500 kg. Eine solche Gruppe benötigt über eine Weidedauer von fünf Monaten etwa 4.500 kg Trockensubstanz, was dem jährlichen Futteraufwuchs von 1 Hektar Weidefläche bei extensiver Nutzung[4] entspricht.

Diese Gruppengröße hat sich in der Praxis bewährt. Lamas und Alpakas sind Herdentiere, die sich in einem Herdenverband sehr wohl fühlen. Stehen für eine zeitlich begrenzte Beweidungsmaßnahme nur wenige Tiere zur Verfügung, steigt das Risiko, dass die Tiere ausbrechen. Es können rein männliche oder rein weibliche Gruppen verwendet werden. Eine Geschlechtermischung führt in der Regel zu Streitigkeiten in der Herde. Damit steigt ebenfalls das Ausbruchsrisiko.

Kameliden legen auf der Weidefläche regelrechte Trampelpfade an. Von diesen Straßen abzweigend fressen sie sich in den Pflanzenbestand vor. So kann man gut beobachten, dass links und rechts dieser „Verkehrswege" der Pflanzenbestand stark abgefressen wird, während weniger gut erreichbare Stellen nicht oder nur sehr wenig abgeweidet werden. Das ändert sich erst im weiteren Verlauf der Beweidung, wenn das Futterangebot an den leicht erreichbaren Stellen geringer wird, also eher zum Ende der Vegetationsperiode.

Der Arbeitsaufwand für die Betreuung einer Standweide ist deutlich geringer als bei einer Umtriebsweide mit hoher Besatzdichte. Hohe Besatzdichten, z.B. 10 bis 12 Tiere auf 2.500 m², erfordern ein aufmerksames Weidemanagement. Im Sinne des Naturschutzes kann es trotzdem erwünscht sein, die Pflegefläche als Umtriebsweide kurzfristig mit einem hohen Tierbesatz zu beweiden. Der Pflanzenbestand wird dadurch schnell und flächendeckend abgefressen.

Auf dieser ca. 1 Hektar großen Pflegefläche standen 12 ausgewachsene Lamas.
Die Beweidung begann Mitte Juni 2009 und endete Anfang November 2009. Es fand keine Zufütterung von Heu statt.

In manchen Fällen der Landschaftspflege ist es notwendig, den Kot von der Fläche zu entfernen. Die Eigenschaft der Kameliden, ihren Dung auf speziellen Kotplätzen zu konzentrieren, erleichtert die Entfernung des Dungs von der Weide.

Typischer Kotplatz von Neuweltkameliden. Der Mist lässt sich einfach mit einer Schaufel entfernen. Für Technikbegeisterte gibt es sogar mobile Großstaubsauger.

4.4 Einzäunung

In den meisten Fällen befinden sich Flächen, die durch Beweidung gepflegt werden sollen, im Außenbereich, abseits gelegen. Es fehlt ein Stromanschluss und in den häufigsten Fällen, wohnt niemand in direkter Nähe der Weide, um die Tierhaltung zu beaufsichtigen.
Deshalb muss die Einzäunung für Neuweltkameliden in der Landschaftspflege verschiedenen Ansprüchen genügen: Die Einzäunung muss die Tiere sicher verwahren, leicht aufzustellen, zu pflegen und abzubauen sein, bezahlbar sein und sie sollte das Landschaftsbild nicht stören. Außerdem darf sie den Wildwechsel nicht verhindern. Wer das berücksichtigt, kann eher mit der Zustimmung der Naturschutzbehörde und der Jagdpächter rechnen.
Seit 12 Jahren hat sich auf dem Betrieb des Verfassers ein Zaunsystem bewährt, dass aus T-Pfosten und drei Drähten besteht. Der untere und obere Draht werden von einem Weidezaungerät mit Strom versorgt, der mittlere Draht führt keinen Strom. Die Zaunhöhe beträgt 1,20 Meter. Mit diesem Zaunsystem lässt sich, wenn die Zaunführung nicht zu kompliziert ist,

von einer geübten Person 1 Hektar Fläche in 3 bis 6 Arbeitsstunden einzäunen (400 Meter Zaunlänge, 60 Pfosten, 1 Minute Zeitaufwand je Meter Zaunlänge).

Entscheidend für die Hütesicherheit ist der untere Draht. Er darf nicht höher als 30 cm über dem Boden gespannt sein, denn Lamas und Alpakas schlüpfen eher unter dem Zaun durch, als dass sie ihn überspringen. Sie haben großen Respekt vor einer Einzäunung, die elektrisch geladen ist. Die beste Lösung ist ein Weidezaungerät, das mit Netzstrom betrieben wird. Es arbeitet mit etwa 7 Joule Ausgangsleistung und selbst bei mehrtägigen Stromausfällen respektieren die Tiere diese Einzäunung zuverlässig.

Diese Einzäunung ist jedoch nicht ausbruchsicher. Sollte eine stark befahrene Straße oder eine Eisenbahnlinie in der Nähe sein, muss ganz besonderes Augenmerk auf die Ausbruchsicherheit gelegt werden. In solchen Fällen müssen Einzäunungen gewählt werden, die baurechtlich als bauliche Anlagen gelten und daher genehmigungspflichtig sind.

Bei dem zweijährigen Weideversuch gab es im ersten Jahr bei einem Tier Probleme mit der Akzeptanz der Einzäunung Es schlüpfte immer wieder unter dem untersten Draht durch. Allerdings stand als Stromquelle nur ein Akku-Gerät mit 1,5 Joule Ausgangsleistung zur Verfügung, dass mit einer 6 Volt Trockenbatterie betrieben wurde. Daher kam im zweiten Jahr ein Gerät zum Einsatz, das mit einer 12 Volt Autobatterie betrieben wird und eine Ausgangsleistung von 6,7 Joule erreicht. In der Praxis hat sich dieses Gerät bestens bewährt. Im Wechsel werden zwei Batterien verwendet. So kann eine Batterie immer frisch aufgeladen werden. Die Schlagstärke des Gerätes ist vergleichbar mit der eines Netzanschlusses. Wer die Schlagstärke einmal selbst erfahren hat, kann nachvollziehen, dass die Neuweltkameliden vor der Einzäunung Respekt zeigen. Das Gerät sorgt auch dann noch für genügend Hütesicherheit, wenn der Strom durch Grashalme abgeleitet wird. Dieser Aspekt darf nicht unterschätzt werden. Auch die wesentlich höheren Anschaffungskosten für ein 12 Volt Gerät rechnen sich. Man erspart sich das Einfangen ausgebrochener Tiere und in der Nacht schläft der Mensch, der die Hütepflicht hat, deutlich besser.

Dieses Zaunsystem hat sich seit 12 Jahren bewährt. Der untere Draht ist der wichtigste. Die Wolle am Hals wirkt wie ein Isolator, die Ohren sind jedoch ungeschützt.

Ein weiterer Vorteil ist, dass der Zaun mit einer Sense, einer Motorsense oder einem Motormäher leicht frei geschnitten werden kann. Das erleichtert die Zaunpflege. Mit diesem Zaunsystem kommen auch Wildtiere noch gut zurecht. Rehwild, Wildschweine und andere Wildtiere können am Anfang noch durch den Zaun schlüpfen. Sie lernen aber sehr schnell, dass die Bekanntschaft mit Strom unangenehm ist und verlegen ihre gewohnten Wanderrouten.

Wichtig ist, dass Lamas und Alpakas die Art der Einzäunung kennen und respektieren. Das heißt, bevor die Tiere auf die neue Weide kommen, müssen sie zu Hause an die Einzäunungsform gewöhnt werden, die auf der neuen Weide verwendet wird.

Mit einer Motorsense lässt sich auch hoch gewachsenes und verholztes Gras schnell und mit wenig Kraftaufwand entfernen. Das Zaunsystem begünstigt den Einsatz von Technik.

4.5 Witterungsschutz

Aus Gründen des Tierschutzes ist eine Schutzhütte unumgänglich. Die Tiere müssen sich bei Bedarf vor Sonne und Regen schützen können. Sollten natürliche Schutzräume (hohe Büsche, Bäume oder ein Waldrand) vorhanden sein, kann auf eine Hütte verzichtet werden. Von Nachteil ist dabei, dass in diesen natürlichen Schutzräumen auch Tausende von blutsaugenden Insekten Schutz suchen. Im oben erwähnten Beweidungsversuch stand den Schafen in den ersten Wochen kein Unterstand zur Verfügung. Sie mussten sich mit natürlichen Schutzräumen begnügen. Als sie nach einigen Wochen Zugang zu einer Feldscheune erhielten, zogen sich die Schafe häufig dorthin zurück, um vor Blutsaugern sicher zu sein. Den Lamas stand kein Unterstand zur Verfügung. Im zweiten Jahr der Beweidung, die ausschließlich mit Lamas durchgeführt wurde, stand den Tieren von Anfang an die Scheune zur Verfügung, die sie in den heißen Sommermonaten nur zum Fressen verließen.

Die Tiere finden Schutz in einer bestehenden Feldscheune.

Um die Attacken der Insekten auf die Lamas/Alpakas deutlich zu verringern ist ein kühler, dunkler und relativ hoher Unterstand nötig. In solche Räume dringen die Blutsauger nicht gerne vor. Von Vorteil ist, wenn auf der Weidefläche bereits eine Feldscheune steht, die als Stall verwendet werden kann. Der Bau eines neuen Unterstandes erfordert selbstverständlich mehr Aufwand und lohnt sich erst, wenn die Pflegemaßnahmen für mehrere Jahre geplant sind. Alternativ kann ein Weidezelt oder ein Stangengerüst, das mit Windschutznetzen bespannt wird, verwendet werden.

Einfacher Unterstand mit Lamellenvorhang. Diese Schleuse müssen die Tiere erst kennen lernen. Beim Passieren des Vorhangs werden viele Insekten von den Tieren abgestreift. Zwei mit Windschutznetzen bespannte Fensteröffnungen würden den abgebildeten Unterstand optimieren. Die Windschutznetze bieten einen Luftaustausch und halten gleichzeitig Insekten vor dem Eindringen in den Unterstand ab.

Weidezelte gelten rechtlich als „fliegende Bauwerke". Sie dürfen zeitlich begrenzt ohne Genehmigung aufgebaut werden. Fundamente (auch Punktfundamente) dürfen nicht gebaut werden. Es ist immer ratsam sich im Voraus mit den zuständigen Behörden zu verständigen.

Oft ist es aus baurechtlichen Gründen nicht möglich auf der zu pflegenden Fläche einen dauerhaften Unterstand zu errichten. In diesen Fällen kann aber das Weidemanagement den Umständen angepasst werden. Wenn die Tiere in den Monaten April und Mai auf die Pflegefläche kommen, ist die Insektenpopulation noch verhältnismäßig gering. Die meisten Blutsauger (Bremsen, Kriebelmücken) sind in den heißen Monaten Juni, Juli und August unterwegs. In dieser Zeit wird die Beweidung unterbrochen. In den kühleren Monaten September und Oktober kann die Weide wieder besetzt werden. Insgesamt bleiben den Tieren bei dieser Weideführung schätzungsweise 70 % der Insektenattacken erspart. Ein früher Weidebeginn, wenn Gräser und Kräuter noch nicht so üppig entwickelt sind, fördert zudem den Verbiss an Büschen und Bäumen.

4.6 Wissenswertes

Der Zeitaufwand für die regelmäßige Kontrolle von Tieren und Weide ist vertretbar. An- und Abfahrt zur Weidefläche nehmen oft mehr Zeit in Anspruch, als die Kontrolle des Zaunes, das Auffrischen des Wassers und die Gesundheitskontrolle der Tiere.

Der Abschluss einer Tierhalterhaftpflichtversicherung ist dringend anzuraten. Landwirte genießen den Vorteil, dass Lamas und Alpakas als landwirtschaftliche Nutztiere in Deutschland anerkannt sind. Deshalb sind Lamas und Alpakas in der landwirtschaftlichen Betriebshaftpflicht mit berücksichtigt. Tierhalter ohne einen anerkannten landwirtschaftlichen Betrieb müssen sich unbedingt um eine Tierhalterhaftpflichtversicherung kümmern.

In Zukunft wird der Landschaftspflege immer mehr Aufmerksamkeit geschenkt. Nicht nur die Naturschutzbehörden, sondern auch Tourismusverbände sind an der Landschaftspflege interessiert. Deshalb wird auch die Bereitschaft steigen, Leistungen in der Landschaftspflege zu honorieren. In einigen Bundesländern wie z. B. Baden-Württemberg, gibt es bereits entsprechende Förderprogramme. Lamas und Alpakas können von dieser Entwicklung profitieren. Lamas und Alpakas locken Menschen an. In der Kombination Fremdenverkehr und Landschaftspflege entwickeln sich Chancen für diese Tierhaltung.

Literatur Kapitel 4:

(1) LANGBEHN, T. (2009): Beweidungsversuch mit Lamas und Waldschafen auf einem verbrachten, submontanen Allgäuer Halbtrockenrasen, Dipl. Arbeit, TU München

(2) GERKEN, M. (2000): Neuweltkameliden in der Landschaftspflege, LAMAS Frühjahr 2000

(3) GERKEN, M. (1997) Leistungen und Produkte. In: GAULY, M. (Hrsg.): Neuweltkameliden – Ein Leitfaden für Halter, Züchter und Tierärzte. Parey, Berlin

(4) VERBAND DER LANDWIRTSCHAFTSBERATER IN BAYERN e.V. (1972). Die Landwirtschaft, pflanzliche Erzeugung

5 Fleisch und Fleischprodukte von Lamas und Alpakas
M. Trah

Die Domestikation von Tieren zur Gewinnung von Lebensmitteln hatte in allen frühen Kulturen oberste Priorität. Sie machte die Bevölkerung unabhängig von der Jagd. Noch bevor Lamas und Alpakas als Lastentiere oder Wollproduzenten Verwendung fanden, wurden sie geschlachtet und verzehrt. Damit war die Bevölkerung der Anden nicht mehr auf die Jagd von Guanakos und Vicunjas angewiesen.

5.1 Fleischverwertung in den Ursprungsländern Südamerikas

Das Fleisch von Lamas und Alpakas dient in den Ursprungsländern der Tiere der allgemeinen Versorgung der Bevölkerung mit tierischem Eiweiß. Wo die Haltung von Rindern möglich ist, werden diese bevorzugt. In den Hochlagen der Anden sind Schafe und Lamas aber nach wie vor einzige Lieferanten für Fleisch in größeren Mengen. Was für den Touristen eine exotische Spezialität darstellt, ist für die einheimische Bevölkerung Lebensgrundlage.

Geschlachtete oder frisch verendete Schafe werden sofort verzehrt, das Fleisch der Lamas und Alpakas wird sowohl frisch verzehrt, als auch traditionell haltbar gemacht. Dies geschieht durch Pökeln und Lufttrocknen. Das warme und vor allem trockene Klima der Hochanden kommt dieser Art der Konservierung entgegen. Das so gewonnene Trockenfleisch (Charque) ist lange haltbar und vergleichbar mit „Bündener Fleisch" oder dem afrikanischen „Biltong". Geschlachtet werden in der Regel Tiere im Alter von 7 bis 8 Jahren, einem Alter in dem vor allem bei Alpakas sowohl Menge als auch Qualität der Faser deutlich abnehmen. Junge Tiere – meist überzählige Hengste – werden im Alter von etwa zwei Jahren geschlachtet.

Um den gesamtwirtschaftlichen Umfang abschätzen zu können, sollte man wissen, dass z. B. in Peru jährlich ca. 450.000 Alpakas geschlachtet werden, was etwa 10 bis 15 % des Gesamtbestandes ausmacht. Das bedeutet, dass in Peru jährlich ca. 11.250 Tonnen Alpakafleisch produziert werden.

Lediglich 10 bis 20 % der Tiere werden in kommerziellen Schlachthäusern unter gehobenen

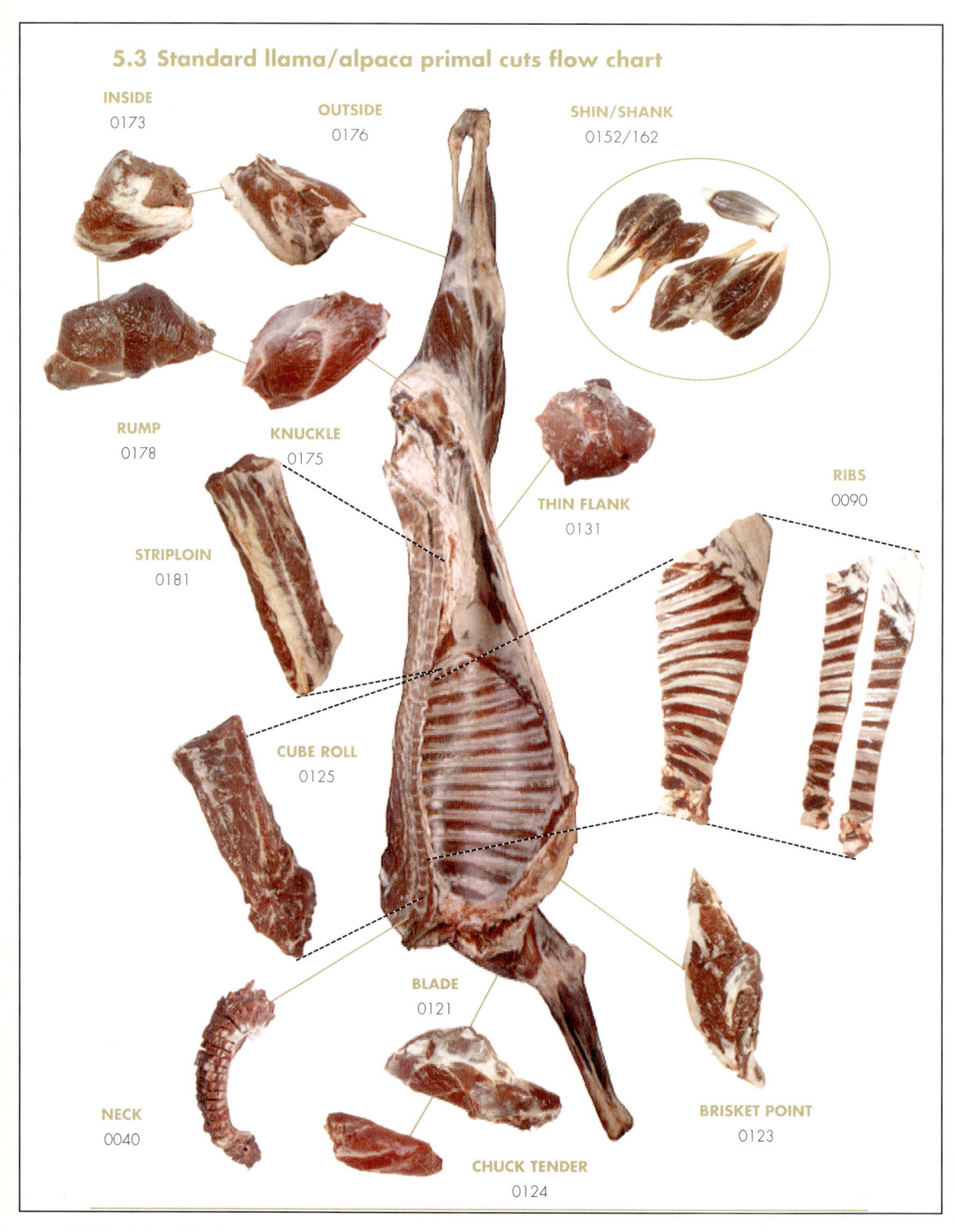

Kapitel 5: Fleisch und Fleischprodukte von Lamas und Alpakas

5.3 Standard llama/alpaca primal cuts flow chart

INSIDE 0173

OUTSIDE 0176

SHIN/SHANK 0152/162

RUMP 0178

KNUCKLE 0175

THIN FLANK 0131

RIBS 0090

STRIPLOIN 0181

CUBE ROLL 0125

BLADE 0121

BRISKET POINT 0123

NECK 0040

CHUCK TENDER 0124

UNECE Standard der Schlachtkörperzerlegung von Lamas und Alpakas

hygienischen Bedingungen geschlachtet und decken den wachsenden Bedarf der Restaurants und der Bevölkerung der großen Städte.

Schlachthöfe und ein dadurch gewährleisteter Hygienestandard ermöglichen auch den Export in nahezu alle Länder. 2008 haben die Vereinten Nationen (United Nations Economic Commission for Europe) auf die Globalisierung im Handel mit Fleisch von Lamas und Alpakas reagiert und einen Qualitätsstandard veröffentlicht, der den internationalen Handel wesentlich vereinfacht.

Gleichzeitig muss aber auch auf eine Verbesserung der traditionellen Verarbeitung des Fleisches hingewirkt werden. Nur wenn die Produktion von Charque den heutigen Anforderungen in Bezug auf Qualität und Hygiene angepasst wird, eröffnet sich für die Menschen in den Hochlagen der Anden die Möglichkeit einer zusätzlichen Einkommensquelle durch den Handel mit Charque.

5.2 Lama-/Alpakafleisch

In den Ländern Südamerikas werden je nach Region sowohl Lamas als auch Alpakas geschlachtet, während in Europa noch hauptsächlich Fleisch von Lamas angeboten wird. In jüngster Zeit kommt auch chilenisches Guanakofleisch auf den Markt, da die strikten Schutzbestimmungen in einigen Gebieten Chiles zu einer Überpopulation geführt haben und regelmäßig Abschüsse getätigt werden müssen. Die Qualität des Fleisches ist aber nahezu identisch.

Alpaka, Lama und auch Guanakofleisch wird nachgesagt, dass es proteinreich, fettarm und cholesterinarm ist. Dem Trend der Zeit folgend bietet sich dieses Fleisch daher als Alternative zu den herkömmlichen dunklen Fleischsorten an.

Neuweltkameliden eignen sich **nicht** für eine intensive Mast. Die extensive Haltung hat einen deutlich Einfluss auf viele Faktoren, durch die die Qualität des Fleisches beeinflusst wird.

Wie aus der Tabelle 5/1 zu ersehen ist (nächste Seite), bestehen große regionale Unterschiede in Bezug auf Alter, Lebendgewicht und Schlachtgewicht. Die vermeindlich bessere Schlachtausbeute bei sehr schweren Tieren ist hauptsächlich auf subkutanes Fett zurückzuführen und nicht auf ein mehr an Muskulatur. Depotfett besteht aber in der Hauptsache aus gesättigten Fettsäuren (SFA) und ist daher unerwünscht.

BUCHMANN[1] geht davon aus, dass das optimale Schlachtgewicht für Lamas in Europa zwischen 90 und 100 kg Körpergewicht (KGW) liegt. Alter und Geschlecht scheinen keinen Einfluss auf die Schlachtausbeute oder die chemische Zusammensetzung des Fleisches zu

		Lebendgewicht	Schlachtgewicht	
		(LG) kg	% vom LG	Ref.
Lama				
Zentral Chile				9
	< 12 Mon männl.	104,4	56,4	
	> 3 Jahre männl.	100,6	55,8	
	< 12 Mon weibl.	67,6	54,4	
	> 3 Jahre weibl.	104,6	54,2	
Bolivien				11
	adult	84,1	52,1	
Europa				1
	1 – 2 Jahre	90,6	48	
	2 1/2 Jahre *	117	57	
Alpaka				
Bolivien				11
	adult	54,9	48,7	

5/1 Durchschnittliches Lebend- und Schlachtgewicht von Lamas und Alpakas in Abhängigkeit von Alter und Region

haben[10]. Lediglich bei Kastraten ist der Gehalt an ungesättigten Fettsäuren und Cholesterin geringer.[2]

Bei der Beurteilung des Fleisches als Lebensmittel spielen sowohl sensorische Faktoren (Aussehen, Geruch, Geschmack, Saftigkeit und Zartheit) als auch ernährungsphysiologische Faktoren (u. a. Fettgehalt und dessen Zusammensetzung) eine Rolle.

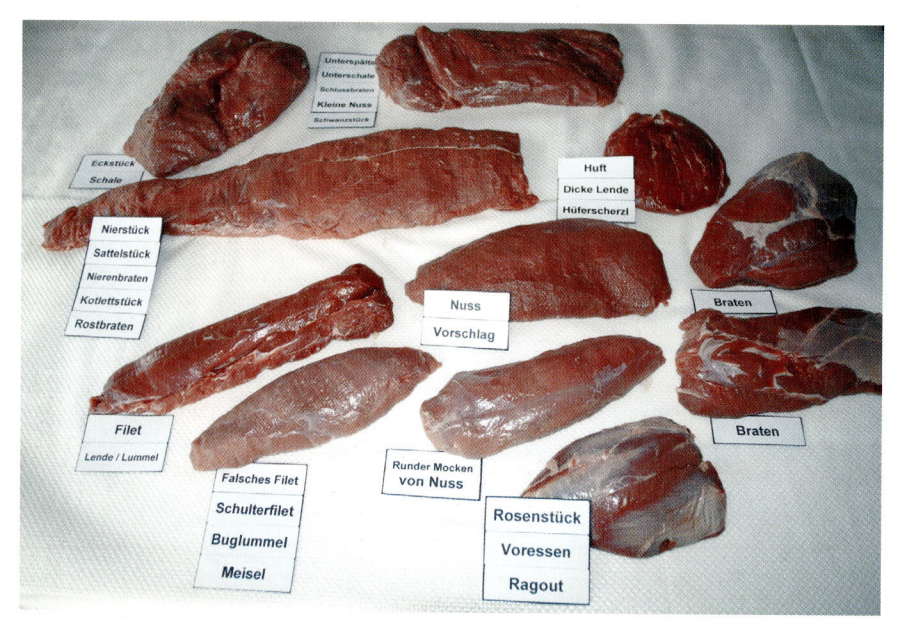

Verschiedene Fleischstücke vom Lama – küchenfertig

Das Fleisch von Neuweltkameliden ist ein dunkles Fleisch ohne einen extrem spezifischen Geschmack. Die eher trockene Konsistenz lässt schon rein sensorisch darauf schließen, dass das Fleisch fettarm ist.

Bei tierischen Produkten ist vor allem das Fett und seine Zusammensetzung ausschlaggebend für deren gesundheitliche Bedeutung. Generell sollte nicht mehr als 30 % des täglichen Energiebedarfes über Fett gedeckt werden, wobei die Zusammensetzung des Fettes aus je einem Drittel gesättigter, einfach ungesättigter und mehrfach ungesättigter Fettsäuren bestehen sollte. Mehrfach ungesättigte Fettsäuren sind essentielle Bestandteile der menschlichen Nahrung, da sie im Körper nicht gebildet werden können.

Folglich ermöglichen uns Untersuchungen zum Gesamtfettgehalt des Fleisches, dessen Zusammensetzung und das Fettsäuremuster, eine Aussage über dessen ernährungsphysiologischen Wert zu treffen.

Unterschiedliche Haltungsformen ergeben ebenso ein unterschiedliches Fettsäuremuster wie die unterschiedlichen Fleischpartien oder Untersuchungsmethoden. Ein direkter Vergleich einzelner Untersuchungen ist daher nur bedingt möglich. In der Tabelle 5/2 sind verschiedene Untersuchungen gegenübergestellt. Fehlinterpretationen sind vor allem dort möglich, wo Untersuchungen mit Angaben aus der Literatur verglichen werden, auch wenn nur Ergebnisse einer ähnlichen Haltungsform und derselben Fleischpartie berücksichtigt wurden.

Ein Problem wird bei der Gegenüberstellung sichtbar, die Veränderung der Fettkomponenten bei übergewichtigen Tieren. Wie sehr eine Verfettung Einfluss auf den Gesamtfettgehalt

5/2 Intramuskulärer Fettgehalt von Lamas im Vergleich zu Rind und Schwein

	Fettgehalt g/100g	SFA %	MUFA %	PUFA %	Cholesterin mg/100g	Bemerkung	Ref.
Lama	0,8	35,47	23,89	40,62			1
	3,3	38,03	38,97	22,99		Übergewicht	1*
	0,59	36,34	29,19	34,47		M. longissimus	1
Rind	1,58	41,4	40,68	17,92			
Schwein	1,91	34,2	51,28	14,52			
Lama	3,51	50,34	42,48	7,18	56,29		12+13
Rind	7,8	k.A.	k.A.	k.A.	69		
Schwein	7,1	k.A.	k.A.	k.A.	74		

einer Fleischpartie hat, wird durch die Untersuchungen von BUCHMANN deutlich belegt. Seinen Empfehlungen zum Zeitpunkt der Schlachtung kommt dadurch eine noch größere Bedeutung zu. In den Ursprungsländern scheint das Problem übergewichtiger und dadurch verfetteter Tiere nicht zu bestehen.

Auch wenn bei einem Vergleich der einzelnen Fettkomponenten die positiven Eigenschaften von Lama- oder Alpakafleisch gegenüber Rind und Schwein nicht ganz so auffällig sind wie erwartet, kann nach Aufschlüsselung in die einzelnen Fettsäuren und deren Bewertung doch behauptet werden, dass das Fleisch im Vergleich zu anderen Säugetieren als diätetisch wertvolle Alternative zu betrachten ist.

Beispiele für Produkte aus Lama- oder Alpakafleisch: Bolito mit Gemüse.

Mit fortschreitendem Zuchterfolg gerade bei Alpakas wird sich die Zahl der Tiere erhöhen, die zur Zucht nicht mehr eingesetzt werden. Der Markt für Hobbytiere – insbesondere für nicht zur Zucht geeignete Stuten – ist aber nur begrenzt aufnahmefähig. Daher wird sich zwangsläufig auch in Europa die Zahl der Tiere erhöhen, die der Schlachtung zugeführt werden.

Ein verantwortungsvoller Umgang mit Lamas und Alpakas und eine gezielte Zucht können verhindern, dass die Tiere zu Fleischproduzenten herabgestuft werden. Wenn es aber zur Schlachtung kommt, sollten wir dem Produkt Lamafleisch unvoreingenommen gegenüberstehen und es der bestmöglichen Verwertung zuführen.

Carpaccio vom Lama oder Alpaka

Literatur Kapitel 5:

(1) BUCHMANN M. und SCHEEDER M. (2005): Lamafleisch – bald kein Tabu mehr? Lamas, Sommer 2005

(2) COATES W. und AYERZA R. (2004): Fatty acid composition of llama muscle and internal fat in two Argentinian herds. Small Ruminant Research. 52(3): 231–238

(3) CLAROS GOITIA A. et al (2004): Women of mountain in Business of Charque of Llama. Proceedings 4th European Symposium on South American Camelids, Göttingen, 2004

(4) CONDORI G. et al (2004): Evaluation and classification of carcass Quality of alpaca. Proceedings 4th European Symposium on South American Camelids, Göttingen 2004

(5) CRISTOFANELLI S. et al (2004): Meat and carcass quality from Peruvian llama (Lama glama) and alpaca (Lama pacos). Meat Science. 66(3)

(6) CRISTOFANELLI S. et al (2005): Carcass characteristics of Peruvian llama (lama glama) and alpaca (Lama pacos) reared in the Andean highlands. Small Ruminant Research. 58(3): 219–222

(7) GONZALES F. et al (2003): Guanakofleisch, ein hochwertiges und diätetisches Nahrungsmittel. Lamas, Herbst 2003

(8) HACK W. (2001): The Peruvian Alpaca Meat and Hide Industries. RIRDC Publication No 01/19

(9) HÄMMERLI-BÄR A. (2009): Lamafleisch in der Küche. Caprovis, Herzogenbuchsee

(10) NÜRNBERG M. und VALLE ZÁRATE A. (1999): Lamahaltung in den Hochanden Boliviens: Erklärungen unter lokalen und wissenschaftlichen Gesichtspunkten. Deutscher Tropentag, Berlin 1999

(11) PEREZ P. et al (2000): Carcass characteristics of llamas (Lama glama) reared in Central Chile. Small Ruminant Research. 37(1–2): 93–97

(12) POLIDORI P. et al (2006): Meat fatty acid composition of llama (Lama glama) reared in the Andean highlands. Meat Science. 75(2)

(13) POLIDORI P. et al (2007): Llama Meat Nutritional Properties. Ital.J.Anim.Sci. Vol. 6, 857–858

(14) RODRIGUEZ C. T. und QUISPE J. L.: Domesticated Camelids, the main animal genetic resource of pastoral Systems in the region of Turco, Bolivia. FAO

(15) UNECE STANDARD: Llama/Alpaca Meat – Carcases and Cuts, United Nations, New York and Geneva, 2008

6 Leder und Pelze
M. Trah

Die Verwertung der Häute zur Herstellung von Leder oder Pelzen ist Teil der Wertschöpfung von Schlachttieren. Inwieweit in der heutigen Zeit die Produkte jedoch eine überregionale Bedeutung erlangen, ist von deren Qualität abhängig.

Allein in Peru fallen jährlich ca. 450.000 Tierhäute von Neuweltkameliden an. Nicht mitgezählt sind hierbei die vielen Tiere, die eines natürlichen Todes gestorben sind. Deren Häute werden ebenfalls vermarktet. Ein Großteil der auf dem Markt angebotenen Babyfelle stammt von verendeten Tieren.

6.1 LEDERVERARBEITUNG

Leder aus der Haut von Lamas und Alpakas ist sehr strapazierfähig. Die Haut ist dünner als Rinderhaut und kann daher ohne weitere Bearbeitung (Spaltung) gegerbt zu Gebrauchsgegenständen wie Taschen, Gürteln und Riemen verarbeitet werden. Traditionell werden auch Schuhe daraus hergestellt. Die hohe Widerstandskraft und die große Dehnbarkeit besonders des Leders der Halspartie wird auch im traditionellen Hausbau der peruanischen Hochebene zur Befestigung der Dächer genutzt.

Im Vergleich zu anderen Tierhäuten (Rind, Schaf, Ziege) hat die Haut von ausgewachsenen Lamas und Alpakas jedoch eine sehr ungleichmäßige Struktur. Die einzelnen Partien – in der Hauptsache die verwertbaren Partien des Rückens, der Bauchseite und des Halsansatzes – weisen große Unterschiede in der Faserstruktur auf. Das hat großen Einfluss auf die Qualität des daraus produzierten Leders und auf die Schnittführung bei dessen Weiterverarbeitung. Die Form des Rohmaterials (langer Hals, hohe Beinansätze) erschwert eine rationale Bear-

Quebrachopulver – in Südamerika zur pflanzlichen Gerbung verwendetes Rindenpulver

beitung im Gerbprozess. Die Herstellung von Leder erfolgt daher zum größten Teil in Handarbeit. Am weitesten verbreitet ist die pflanzliche Gerbung mit Quebrachopulver.

Die Haut vor allem der jungen Tiere kann auch mittels der Chromgerbung verarbeiten und zur Herstellung von Kleidungsstücken verwenden werden. Aber auch dieses Leder entspricht nicht unseren Qualitätsanforderungen.

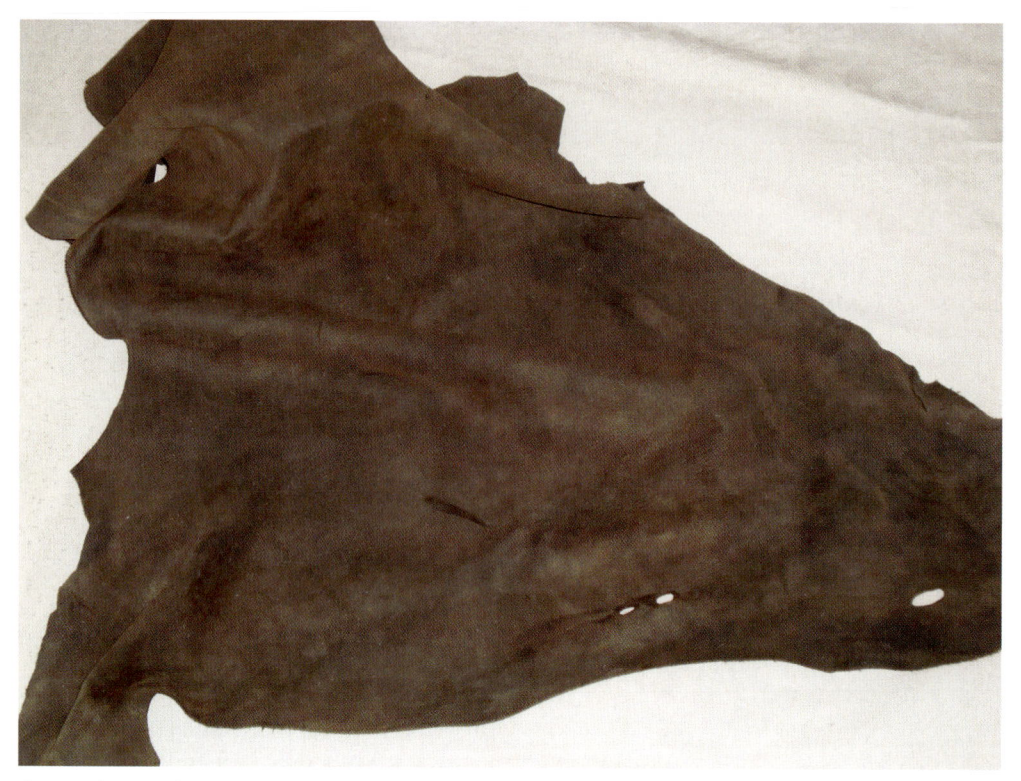

Chromgegerbtes und gefärbtes Babyalpakaleder

Zusammenfassend kann gesagt werden, dass die Herstellung von Leder und Lederwaren aus Lama- und Alpakahäuten zwar möglich und lokal auch von Bedeutung ist, die Qualität des Leders aber nicht den Erfordernissen der heutigen Zeit entspricht und international nur bedingt Bedeutung hat. Vereinzelt findet das Leder unter dem Deckmantel der Exklusivität Einzug in die Mode oder es wird auf Grund seiner Strapazierfähigkeit bei der Innenausstattung von Fahrzeugen verwendet.

6.2 Pelzverarbeitung

Eher als das Leder sind auf dem internationalen Markt die Felle von Alpakas gefragt. Hauptabnehmer sind vor allem Neuseeland (ca. 80 % des Gesamtvolumens) und Nordamerika. Sie dienen unter anderem als Ausgangsmaterial zur Herstellung hochwertiger Plüschtiere.

Teddybär aus Alpakafell

Aus hygienischen Gründen wird vor der Schlachtung eine Schur angeraten. Zu kurz oder unsauber geschorene Tiere oder während des Enthäutens zerschnittene Häute machen diese aber sowohl für die Leder wie auch für die Pelzproduktion wertlos. Ein sorgsamer Umgang mit den natürlichen Produkten in kommerziellen Schlachthäusern und außerhalb dieser Einrichtungen ist notwendig, um eine optimale Wertschöpfung zu erreichen.

In Peru erreichte der Export von Pelzprodukten 2008 einen Wert von 6,79 Mio. US $ und damit eine Steigerung gegenüber 2007 von 44,8 %. Wie auch auf dem Markt für Alpakafaser ist China der Wachstumsmarkt Nummer eins.

Die Produktion der einheimischen Bevölkerung beschränkte sich bislang auf die Anfertigung von Souvenirs. Internet und Internethandel ermöglichen mittlerweile den weltweiten Handel mit Produkten. Kleineren Firmen und Kooperativen in den Ursprungsländern hat sich so die Möglichkeit eröffnet, ihre Produkte direkt zu vermarkten. Die Angebote auf einschlägigen Internetseiten belegen, dass der Absatz von individuell angefertigten hochwertigen Endprodukten aus Pelzen zunimmt. Eine weitere Steigerung der Exporte ist daher zu erwarten.

Ein typisches Souvenir: Rundteppich aus Alpakafell mit Lamamuster

Edle Damenjacke aus weißem Alpakafell

Die „Entdeckung" des Alpakapelzes durch die Haute Couture verschaffte dem Produkt einen weiteren Boom. Pelzmäntel aus Alpakafellen und andere hochwertige Produkte sind auf dem Vormarsch.

Wie auch bei der Wolle werden Leder- und Pelzwaren von in Europa gezüchteten Tieren in absehbarer Zeit keine Bedeutung erlangen und individuelle Ausnahmen bleiben.

Literatur Kapitel 6:

(1) MOOG, G. (1995): Die Nutzung der Lamahaut zur Lederherstellung. Lamas, Herbst 1995

(2) ZEA-GIRALDO (2007): Traditionelles Bauen in der peruanischen Hochebene. TU International 59

(3) LEDERLEXIKON – www.lederzentrum.de

(4) Mitteilungen: Peru Export and Tourism Promotion Board, Februar 2009

A Anhang

A.1 Betriebswirtschaftliche Fakten / Deckungsbeiträge

Hobbys kosten Geld. Dementsprechend interessiert es den Hobbyhalter meist nur, wie viel Geld er für sein Hobby ausgeben muss. Neuweltkameliden sind jedoch auch anerkannte landwirtschaftliche Nutztiere (Lamas = 0,1 GV / Alpakas = 0,08 GV // GV = Großvieheinheiten). Der Landwirt will mit diesen Tieren zumindest einen Teil seines Lebensunterhaltes verdienen. Als Betriebszweig in der Landwirtschaft muss für diese Tiere – wie für jedes andere landwirtschaftliche Nutztier auch – eine Kosten/Nutzen Analyse durch Berechnung des Deckungsbeitrages durchgeführt werden. Der Deckungsbeitrag entspricht den Marktleistungen (Erlöse) abzüglich der variablen Kosten. Zusätzlich müssen die Fixkosten berücksichtigt werden.

Relevante Erlöse sind ausschließlich über den Verkauf von Nachzuchten und über sonstige Einsätze im Bereich Tourismus, Aktivitäten oder therapeutischer Einsätze zu erzielen. Selbst die Produktion feinster Fasern (< 20 Mikron) erzielt ohne zusätzliche Einnahmen einen negativen Deckungsbeitrag. Die erzielten Einnahmen sind betriebsindividuell in die Kalkulation einzubeziehen.

Wird als Betriebszweig die Zucht angestrebt, ist der Deckungsbeitrag abhängig vom Verkaufserlös und damit starken Marktschwankungen unterworfen. Eine exakte und vor allem realitätsnahe Kalkulation erspart Enttäuschungen. Der bedingungslose Glaube an einen immer weiter wachsenden Markt führt letztendlich zum Platzen der „Seifenblase".

Im Gegensatz zu dem weit verbreiteten Glauben, dass Alpakas „the world's finest livestock investment" sind, fragen erste kritische Stimmen in Amerika bewusst provokativ: „Do Alpakas Represent the Latest Speculative Bubble in Agriculture?".

Produktionsdaten wie auch entsprechende Daten zur Berechnung des Deckungsbeitrages wurden der Arbeit von HEIGL (2007) entnommen und teilweise modifiziert. Alle Angaben sind Durchschnittswerte aus dem Jahr 2008. Abweichungen nach oben wie nach unten sind möglich.

Produktionsdaten der Haltung (Stutenherde, L = Lama A = Alpaka)

Produktionsdaten	Bezugsgröße	Wert
Bestandsgröße	Anzahl Stuten	
Marktpreis Stute	€	3.500,– (2009)
Nutzungsdauer Stute *	Jahre	L = 18, A = 15
Aufzuchtergebnis * = Anzahl verkaufter Fohlen	Fohlen/Stute/Jahr	0,6
Erlös Fohlen (Hengst = 1000 €, Stute = 3500 €)	50:50 Hengst/Stute/€	2.250,– €
Erlös Altstute	€/Stute/Jahr	0
Wolle	kg/Stute	Mittel 4 kg
Erlös Wolle	€/kg	6,– €
Heuvorlage	kg/Stute/Tag	Mittel 2 kg
Kraftfutter *	kg/Stute+Fohlen/Tag	0,375 kg
Mineralfutter	€/Stute/Jahr	40,– €
Strohbedarf	dt/Stute/Jahr	1 dt
Festmistanfall	dt/Stute/Jahr	8,8 dt

nach Heigl 2007, * abweichende Werte

Die abweichenden Werte sind Erfahrungswerte langjähriger Halter und Züchter. Im Einzelnen gilt nachfolgende Begründung:

Nutzungsdauer

Die von Heigl angegebene Nutzungsdauer entspricht nach eigenen Erfahrungen der Lebenserwartung von Zuchtstuten. Im Gegensatz zu anderen landwirtschaftlichen Nutztieren verbleiben derzeit Lamas und Alpakas bis zu ihrem natürlichen Tod im Bestand und werden nicht anderweitig verwertet (siehe: Erlös Altstute) Dies schlägt natürlich bei der Berechnung der durchschnittlichen Anzahl der jährlichen Fohlen gravierend zu Buche.

Aufzuchtergebnis

Das Aufzuchtergebnis ist ein mathematischer Durchschnittswert bei dem die Nutzungsdauer und aufgezogene Jungtiere in Korrelation zueinander gesetzt werden. Der vergleichsweise kleine Wert resultiert aus der Tatsache, dass die angegebene Nutzungsdauer der Lebenserwartung von Zuchtstuten entspricht, bei älteren Stuten aber nicht mehr jährlich mit einem Fohlen zu rechnen ist. Als realistischer Wert ist von 10 (A) bis 12 (L) Fohlen/Stute im Laufe ihres

Lebens auszugehen. Bei einer erfolgreichen Aufzucht bis zum Verkauf der Fohlen von 90 % ergibt sich rechnerisch der Faktor 0,6/Jahr (9 bzw. 10 verkaufte Fohlen/15 bzw. 18 Jahre).

Kraftfutter
Praktische Erfahrungen haben gezeigt, dass trächtigen und säugenden Stuten Kraftfutter zugefüttert werden muss. Nur so lässt sich ein Aufzuchterfolg von 90 % realisieren, ohne die Stuten zu sehr körperlich zu belasten. Der Kraftfutterbedarf von Fohlen ab einem halben Jahr ist der von Stuten gleichzusetzen.

Deckungsbeiträge und Fixkosten

Folgendes Beispiel berechnet den Deckungsbeitrag einer Stute, wobei durch individuelle Werte der exakte Deckungsbeitrag für den eigenen Betrieb errechnet werden kann.

Marktleistungen

Fohlen	W 3.500,– € M 1.000,– €	0,6	1.350,– €
Wolle	durchschnittlich 4 kg	6,– €/kg	24,– €
Organischer Dünger	8,5 dt	2,– €/dt	17,– €
Sonstige Marktleistungen		....,..........	x,– €
Summe 1 – Marktleistungen			1.391,– € + x

Variable Kosten
Die variablen Kosten sind in der Regel der Posten, der am meisten beeinflusst werden kann. *Eine individuelle Anpassung an den eigenen Betrieb ist unbedingt erforderlich.* Die zugrunde liegenden Werte sind Durchschnittswerte von Alpaka und Lama, was aber außer bei den Futterkosten keinen Unterschied macht.

Heu	2 kg/Tag	0,10 €/kg	73,– €	
Mineralfutter	€/Stute/Jahr		40,– €	
Kraftfutter	0,250 kg/Tag	0,40 €/kg	55,– €	L 194,– €
Bestandsergänzung	L/18 J, A/15 J		214,– €	A 233,– €
Entwurmung/Impfung	€/Jahr/Stute		20,– €	
Tierarzt (inkl. Kastr.)			70,– €	
Decktaxe	€/Jahr/Stute	400,– € x 0,66	266,– €	
Schur	€/Jahr/Stute		25,– €	
Vermarktungskosten	€/Jahr/Stute	2 %	27,– €	
Einstreu	1 dt/Jahr/Stute	8,– €	8,– €	
Zinsansatz für Tiervermögen	€/Tier/Jahr		114,– €	
Summe 2/1 – variable Kosten			912,– €	

In der Summe 1 der variablen Kosten sind nicht mit eingerechnet:

Haftpflichtversicherung	xxx
Versicherung Diebstahl/Tod	xxx
Tierseuchenkasse	xxx
Hilfskräfte / Maschineneinsätze	xxx
Summe 2/2 – variable Kosten	xxx + 912,– €

Deckungsbeitrag/Stute (Summe 1 – Summe 2)   479,–€ + x

Fixkosten

Die Fixkosten beinhalten im Wesentlichen die Investitionskosten für Gebäude, Weide und Zäune.

Kosten Stall incl. Paddock		……
Kosten Zaunbau incl. Tore		……
für 10 Stuten ca		10.000,– €
Kosten Weide (Pacht 1 ha ca. 200,– €)		200,– €
Abschreibung, ND = 20 Jahre	5 %	500,– €
Zinsansatz für gebundenes Kapital	5 %	500,– €
Unterhalt, Reparaturen	2 %	200,– €
Versicherungen		……
Strom, Wasser		……
Summe Fixkosten/Jahr 10 Tiere		min. 1.400,– €

Sonstige Kosten (Betriebsaufwand)   pro Tier ca. 20,– €

Die Decktaxe errechnet sich pro tragende Stute (10 x 400,– € / 15)

Bei der Berechnung des Deckungsbeitrages für Stuten wurde eine Decktaxe von 400,– € eingerechnet. Die Haltung eines Tieres verursacht Kosten von ca. 800,– € jährlich. Das bedeutet, dass bei mehr als drei Stuten sich die Haltung eines eigenen Hengstes lohnt. Dabei ist zu beachten, dass für die Anschaffung eines Zuchthengstes ca. 5.000,– € (Stand 2008) zu veranschlagen sind und nicht die 1.000,– €, die für den Verkauf einer männlichen Nachzucht kalkuliert werden.

Kalkulationshilfe Deckungsbeitrag

Herdengröße:	Anzahl Stuten / Tiere			
Marktleistungen				
Fohlenverkauf	Stutenzahl (2250.- € x 0,6)	x 1.350,- €	....	
Wolle	Stuten-/Tierzahl (6.- € x 4 kg)	x 24,- €	....	
Organischer Dünger	Stuten-/Tierzahl (2.- € x 8,5 dt)	x 17,- €	....	
sonstige Marktleistungen	durchschnittlicher Jahresumsatz		....	
		Summe	....	_____
Variable Kosten				
Heu	Tierzahl (2 kg/Tag)	x 73,- €	....	
Mineralfutter	Tierzahl	x 40,- €	....	
Kraftfutter	Tierzahl (0,25 kg/Tag)	x 36,50 €	....	
Bestandsergänzung	Stuten-/Tierzahl	x 214,- €	....	
Entwurmung/Impfung	Tierzahl	x 20,- €	....	
Tierarzt	Tierzahl	x 70,- €	....	
Decktaxe	Stutenzahl	x 266,- €	....	
Schur	Tierzahl	x 25,- €	....	
Vermarktungs-/Werbekosten	Stutenzahl (2%/Stutenzahl x 0,6)	x 27,- €	....	
Einstreu	Tierzahl	x 8,- €	....	
Zinsansatz für Tiervermögen	Tierzahl	x 114,- €	....	
		Summe	....	
Haftpflichtversicherung			....	
Versicherung Diebstahl etc			....	
Tierseuchenkasse				
Hilfskräfte / Maschinen	Stunden / Jahr	x 8,- €	....	
		Summe	....	_____
Deckungsbeitrag	Marktleistung – Variable Kosten			_____
Fixkosten				
Gebäude	Material			
	(incl. Fütterungseinrichtung)		....	
Paddock			....	
Zaunbau	Zaun, Pfosten, Kleinmaterial			
	Tore		....	
Hilfskräfte	Stunden	x 8,- €	....	
		Summe F	....	
Kosten Weide	ha Weideland (Pacht)	x 200,- €	....	
Abschreibung, ND = 20 Jahre	Summe F	x 5%	....	
Zins für gebundenes Kapital	Summe F	x 5%	....	
Unterhalt, Reparaturen	Summe F	x 2%	....	
Versicherungen			....	
Berufsgenossenschaft			....	
Strom/Wasser			....	
		Summe	....	_____
Sonstige Kosten	Tierzahl	x 20,- €	....	_____
Ergebnis/Jahr	Deckungsbeitrag – Fixkosten – Sonstige Kosten			_____

A.2 Rechtliche Rahmenbedingungen

Die Haltung und Nutzung von Neuweltkameliden unterliegt, wie jede andere Tierhaltung auch, gesetzlichen Auflagen.

Neben den baurechtlichen Bestimmungen für die Errichtung von Stallungen und die Einzäunung der Weide sind für die Haltung noch allgemeingültige tierschutzrelevante (A: § 13 TSchG, CH: Art. 6 TSchG, D: § 2 TSchG) und tierseuchenrechtliche Aspekte zu beachten. Einzelheiten können in den entsprechenden Gesetzen und den dazugehörigen Verordnungen der Länder nachgelesen werden.

Die gewerbsmäßige Arbeit mit Neuweltkameliden (gewerbsmäßige Trekkingangebote, Therapieangebote und andere Aktivitäten) erfordert die Beachtung zusätzlicher Auflagen der Länder.

Deutschland

Neuweltkameliden zählen im **deutschen Tierschutzrecht** nach wie vor *nicht* zu den landwirtschaftlichen Nutztieren.

Die gewerbliche Tätigkeit mit Neuweltkameliden unterliegt daher u.a. den Bestimmungen des § 11 TierSchG (Tierschutzgesetzes), hier speziell:

„**Wer gewerbsmäßig Wirbeltiere, außer landwirtschaftlichen Nutztieren, züchten und halten will, bedarf der Erlaubnis der zuständigen Behörde.**

...

Dem Antrag sind Nachweise über die Sachkunde im Sinne des Absatzes 2 Nr. 1 beizufügen."

Daraus ergibt sich folgende Konsequenz für die Anbieter tiergestützter pädagogischer oder therapeutischer Interventionen und andere Freizeitaktivitäten:

Wer gegen Bezahlung tiergestützte Pädagogik oder tiergestützte Therapie oder andere Freizeitaktivitäten mit Lamas oder Alpakas anbietet, nutzt seine Tiere gewerbsmäßig und unterliegt den Bestimmungen des § 11 TierSchG.

Es ist deswegen seine Pflicht, die Haltung der Tiere bei der zuständigen Behörde/dem zuständigen Veterinäramt zu melden, die Erlaubnis für die gewerbsmäßige Haltung von Lamas/Alpakas einzuholen und den geforderten Nachweis der Sachkunde zu erbringen.

In welcher Form diese Sachkunde erbracht werden muss, ist unterschiedlich. Einige Behörden verlangen den Nachweis, dass ein Aufbaukurs zum Erwerb der Sachkunde absolviert wurde, andere Behörden fragen die Sachkunde persönlich ab und überzeugen sich auf dem

Hof des Tierhalters persönlich von der artgerechten Haltung der Tiere.

In Österreich und der Schweiz unterliegt die gewerbsmäßige Tätigkeit mit Neuweltkameliden einer ähnlichen Gesetzeslage.

Österreich
In Österreich ist diese im Tierschutzgesetz § 31 in Verbindung mit § 23 geregelt.
§ 31 TSchG: Haltung von Tieren im Rahmen gewerblicher Tätigkeiten
(1) Die Haltung von Tieren im Rahmen einer gewerblichen Tätigkeit bedarf einer Bewilligung nach § 23.
(2) In jeder Betriebsstätte, in der Tiere im Rahmen einer gewerblichen Tätigkeit gehalten werden, muss eine ausreichende Anzahl von Personen mit Kenntnissen über artgemäße Tierhaltung regelmäßig und dauernd tätig sein.
Im § 23 TSchG: „Bewilligungen" ist insbesondere geregelt, dass die Haltung von Tieren im Rahmen einer gewerblichen Tätigkeit bei der dafür zuständigen Behörde beantragt und genehmigt werden muss. Sind die gesetzlich festgelegten Voraussetzungen nicht mehr gegeben, so kann die Bewilligung entzogen und die Tiere beschlagnahmt werden.

Schweiz:
Den zentralen Erlass des eidgenössischen Tierschutzrechts bildet das Tierschutzgesetz (TSchG) mit der zugehörigen Tierschutzverordnung (TSchV).
Für Neuweltkameliden ist in der Schweiz keine Wildtier-Haltebewilligung mehr nötig, sofern die Haltung nicht gewerbsmäßig erfolgt. Das bedeutet also, dass eine Genehmigung notwendig ist, wenn die Haltung gewerbsmäßig ist.
Der Artikel 7 des schweizerischen Tierschutzgesetzes vom 16.12.2005 regelt die Melde- und Bewilligungspflicht. Näheres regelt die Tierschutzverordnung im Art. 31 TSchV.
Artikel 31 TSchV: Anforderungen an Personen, die Haustiere halten oder betreuen.
1. Wer für die Betreuung von insgesamt mehr als zehn Großvieheinheiten Nutztieren verantwortlich ist, muss über eine landwirtschaftliche Ausbildung nach Artikel 194 verfügen.
4. In kleineren Tierhaltungen mit weniger als zehn Großvieheinheiten muss die für die Haltung und Betreuung verantwortliche Person einen Sachkundenachweis nach Artikel 198 erbringen für die Haltung von:
   …
   c. Rindern sowie Alpakas oder Lamas

A.3 Versicherungen

Der Abschluss einer Tierhalterhaftpflichtversicherung ist dringend anzuraten. Landwirte genießen den Vorteil, dass Lamas und Alpakas in Deutschland finanz- und tierseuchenrechtlich, nicht jedoch tierschutzrechtlich als landwirtschaftliche Nutztiere anerkannt sind. Deshalb werden Lamas und Alpakas in der landwirtschaftlichen Betriebshaftpflicht mit berücksichtigt. Tierhalter ohne einen anerkannten landwirtschaftlichen Betrieb müssen sich unbedingt um eine Tierhalterhaftpflichtversicherung kümmern.

Die private Tierhalterhaftpflichtversicherung deckt in der Regel jedoch keine Schäden ab, die durch den professionellen und gewerblichen Einsatz von Tieren entstehen. Hier ist eine gesonderte Betriebshaftpflichtversicherung nötig.

Insofern sollte jeder Anbieter tiergestützter Interventionen oder anderer Aktivitäten Kontakt zu einem Versicherungsagenten seines Vertrauens aufnehmen und sich beraten lassen, wie seine Tätigkeit und Personen- und Sachschäden, die hierbei entstehen könnten, am Besten abzusichern sind. Nicht immer ist hierfür der Abschluss einer völlig neuen Versicherung nötig, oft lassen sich die Tiere und die tiergestützten Tätigkeiten in bereits vorhandene Haftpflichtversicherungen integrieren. Wichtig ist, dass der Anbieter seine geplante Tätigkeit möglichst genau beschreibt und sich schriftlich von der Versicherungsgesellschaft bestätigen lässt, dass diese Tätigkeit mitversichert ist.

Literatur Anhang:

(1) HEIGL E. (2007): Wirtschaftlichkeitsberechnung der Lama- und Alpakazucht. Semesterarbeit

(2) MAURUS G. (2008): Wirtschaftlichkeit der Lama-/Alpakahaltung. Lamas Frühjahr 2008

(3) SAITONE T.L. and SEXTON R.J. (2005): Alpaka Lies? Do Alpacas Represent the Latest Speculative Bubble in Agriculture? University of California

(4) Tierschutzgesetze (TSchG) – Deutschland, Österreich, Schweiz

G Glossar

Kapitel 1:

AAA	Australian Alpaca Association
Allele	Gene, die den gleichen Locus besetzen und den gleichen Charakter beeinflussen
Apron	Schürze, Haare der Vorderbrust
ARI	Alpaca registry inc. (USA)
Blanket	Decke, Haare der Schultern, des Rückens und der Seitenfläche des Tieres
Belly	Haare der Bauchseite
Cortex	Faserstamm oder Spindelzellschicht – Hauptbestandteil der Haare. Zellen sind in Fibrillen angeordnet und bestehen aus zwei verschiedenen Zelltypen, den Ortho- und den Paracortexzellen.
Crimp	durch die unterschiedlichen Zellen der Cortex hervorgerufene Krümmung der Faser. Der Crimp wird beurteilt nach „Wellen" pro inch (CPI) und der Höhe der Wellen (Amplitute)
Faser	Fäden tierischer, pflanzlicher oder chemischer Herkunft die zur Weiterverarbeitung zum Beispiel in der Bekleidungsindustrie verwendet werden
Genotyp	Erb- oder Anlagenbild
Haare	im Wesentlichen aus Keratin bestehende Hornfäden, charakteristische Körperbedeckung der Säugetiere.
Heterozygot	mischerbig
Homozygot	reinerbig
Kammgarn	glattes, festes Garn aus langen, parallelen Fasern. Die kurzen Fasern werden durch das Kämmen entfernt
Kammzug (Top)	gewaschene und kardierte/gekämmte Faser in Strängen
Locus (Loci)	Stelle auf dem Chromosom, welche von einem Gen besetzt wird

Orthocortex	Zellart der Spindelzellschicht (Cortex)
Paracortex	Zellart der Spindelzellschicht (Cortex)
Phänotyp	äußeres Erscheinungsbild
Primärfollikel	Follikel der Deck- und Grannenhaare mit Schweiß- und Talgdrüsen
Sekundärfollikel	Follikel der Wollhaare ohne Drüsen, dafür aber oft mit Abzweigungen, so dass aus einem Haarbalgtrichter oft mehrere Wollhaare sprießen
Standardabweichung	mathematischer Begriff der Statistik als Maß der Streuung um den Mittelwert. Mittelwert +/- Standardabweichung = 68,3 % der Haare, Mittelwert +/- 2 x Standardabweichung = 95,4 % der Haare
Streichgarn	im Gegensatz zu Kammgarn voluminöser mit rauerer Oberfläche. Fasern von unterschiedlicher Länge und nicht extrem parallel. Typisches Garn zum Handstricken.
Top	siehe Kammzug
Vlies	lose zusammen liegende Fasern oder Haare (Meyers Lexikon: „zusammenhängende Masse der geschorenen Wollhaare des Schafes")
Wolle	spezielle Bezeichnung für die Haare des Schafes

Kapitel 2:

AAA	„animal assisted activities", Tiergestützte Aktivitäten
Arthrose	Gelenkverschleiß, also Abnutzung oder Verlust der Knorpelmasse in einem Gelenk, der das altersübliche Maß übersteigt
Deckungsbeitrag	Differenz zwischen den erzielten Erlösen (Umsatz) und den variablen Kosten. Es handelt sich so um den Betrag, der zur Deckung der Fixkosten zur Verfügung steht
Fixkosten	Teil der Gesamtkosten in der betriebswirtschaftlichen Kostenrechnung. Sie bleiben unabhängig von der Anzahl der gehaltenen Tiere und der Anzahl der Aktivitäten in einem bestimmten Zeitraum konstant bzw. steigen nicht proportional an. Sie sind meist abhängig von der Infrastruktur des jeweiligen Unternehmens
Inka	ausgestorbene Hochkultur im Andenhochland Südamerikas, 1532 von Francisco Pizarro, einem spanischen Eroberer vernichtet

Trekkinglamas	Lamas, die zum Wandern bzw. Trekking eingesetzt werden
Variable Kosten	Teil der Gesamtkosten in der betriebswirtschaftlichen Kostenrechnung. Sie ändern sich mit der Erhöhung der Anzahl der gehaltenen Tiere und der Anzahl der Aktivitäten in einem bestimmten Zeitraum proportional

Kapitel 3:

AAT	„animal assisted therapy", Tiergestützte Therapie
Berserk-Male-Syndrom	Bezeichnung für eine Fehlprägung bei Neuweltkameliden, bei deren Vorliegen Lamas und Alpakas die Menschen nicht als ranghöher sondern als Artgenossen einordnen und ihnen gegenüber ein distanzloses Verhalten zeigen, das auch in zielgerichtete Angriffe übergeht
Fokussieren	seine Tätigkeit auf einen zentralen Punkt richten
Intervention	Vermittlung
Kognitiv/Kognition	allgemeine Bezeichnung für den Komplex von Wahrnehmung, Denken, Erkennen, Erinnern
Methodik	Unterrichtsmethode, in der Art des Vorgehens festgelegte Arbeitsweise
Methodisch	planmäßig, überlegt, durchdacht, schrittweise
Standardisieren	mit Normen versehen, normen
Traumatisierung	Verletzung, Gewalteinwirkung in körperlicher oder psychischer Hinsicht

Kapitel 4:

Trockensubstanz (TS)	Futterstoff ohne Wasseranteil
Rohfaser	schwerverdauliche Pflanzenfaser, besteht großteils aus Zellulose
Strukturierte Rohfaser	Rohfaser, die in ihrer Struktur (Faserlänge) erhalten ist
Standweide	Die Tiere sind während der gesamten Weidedauer auf der Futterfläche

Umtriebsweide	Futterfläche wird in kleinere Koppeln unterteilt, die nach und nach beweidet werden
Windschutznetze	engmaschige Polyestergewebenetze, die Wind und Regen bis zu 90 %. abbremsen
Joule	Maßeinheit für Energie

Kapitel 5:

Carcase	Schlachtkörper
Charque oder Charqui	durch pökeln und lufttrocknen haltbar gemachtes Fleisch
pökeln	haltbar machen von Fleisch durch Einsalzen
SFA	gesättigte Fettsäuren (Saturated Fatty Acids)
MUFA	einfach ungesättigte Fettsäuren (Mono Unsaturated Fatty Acids)
PUFA	mehrfach ungesättigte Fettsäuren (Poly Unsaturated Fatty Acids)

Kapitel 6:

Chromgerbung	Gerbverfahren mit Chrom (III)-Salzen. Etwa 85 % der weltweiten Lederherstellung erfolgt mittels der Chromgerbung u. a. weil es ein wesentlich schnelleres Gerbverfahren als die pflanzliche Gerbung ist
Pflanzliche Gerbung	auch altgegerbtes oder lohgegerbtes Leder. Zum Einsatz kommen vorwiegend Eichenrinde oder Fichtenrinde. In Südamerika auch Quebrachoholz. Wirkstoff der Gerbung sind die Tannine
Quebracho	pflanzlicher Gerbstoff aus dem Holz von Bäumen. Herkunft sind die subtropischen Ebenen hauptsächlich in Bolivien, Paraguay und Argentinien
Spaltleder	Dicke Leder wie das von Rindern (5–10 mm) wird durch Spalten in handelsübliche Stärken gebracht. Die Qualität des erzielten Leders sinkt dabei von außen (Narbenspalt) nach innen (Fleischspalt). Sehr dicke Rohleder können in drei Schichten gespalten werden (Kernspalt)

Stichwortverzeichnis

A

Aktivitäten 34
Allel 28
Amplitude 13
Animal-Assisted-Activities 50
Animal-Assisted-Therapy 50
Artspezifische Aspekte 54
Aufzuchtergebnis 98
Aufzuchtleistung 21

B

Begleittier 37
Bersek-Male-Syndrom 64
Betriebshaftpflicht 104
Betten 20
Beweidung 71

C

Camelidynamics 68
Charakter 25, 37
Chromgerbung 94
Chromosom 28
Corium 12
Crimp 13, 19

D

Deckungsbeitrag 97
Dehnbarkeit 93
Delta Society 50, 51
Domestikation 85
Dominant 29

E

Epidermis 11
Erbgut 28
Eumelanin 29
Exterieur 21

F

Farbverteilung 27
Faserhistogramm 22
Faserqualität 15
Felle 95
Fettsäuren 88
Feuchtgebiete 75
Fixkosten 45, 97
Fluchttiere 55, 65
Follikelanordnung 25
Follikeldichte 25
Förderprogramme 83
Freizeitaktivitäten 37
Frequenz 13
Fressverhalten 71
Führleine 43

G

Genetik 28
Genotyp 30
Giftpflanzen 75
Glanz 14
Grooming 55
Gruppengröße 76

H

Haarbälge   12

Halfter   43

Haute Couture   96

Herdenverband   56

Herdenzusammensetzung   61

Heterozygot   28

Homozygot   28

Hüteaufwand   73

Hütesicherheit   79

I

Idealtier   22

Inka   33

Internet   47

Interventionen   50, 53

K

Kammgarn   19

Kastrate   88

Klassifizierung   17

Kommunikation   60

Kooperationen   47

Körperbau   21, 62

Körpersprache   57

Kosten   45

Kotplätze   78

Kraftfutter   99

Kulturlandschaft   71

Kuscheltier   64

L

Lamatrekking   34

Lamawandern   34

Landwirtschaftliche Nutztiere   97

Längenwachstum   21

Langlebigkeit   21

Lastentiere   38

Lebendgewicht   87

Lederhaut   12

Leittier   40

Letalfaktor   31

Lineare Beschreibung   22

Linienzucht   21

Locus   28

M

Markschicht   12

Marktleistungen   97

Mast   87

Merle Gen   31

Moderhinke   75

N

Naturfarben   26

Nebenerwerb   45

Nutzungsdauer   98

O

Orthocortexzellen   13

P

Packsattel   43

Paracortexzellen   13

Parasitenbefall   75

Pelzprodukte   95

Petmobiles   50

Pflanzliche Gerbung   94

Pflegemaßnahmen   65

Phaenotyp   30

Phaeomelanin   29

Pizarro Francisco   33

Plüschtiere   95

Pökeln   85

R

Rangordnung   39, 56

Rohwolle   16

S

Sachkunde 102
Salzlecksteine 76
Satteldecke 43
Satteltraining 42
Schlachtgewicht 87
Schlachthäuser 85
Schlagstärke 79
Schnuppertouren 35
Schulterblätter 43
Schuppenhöhe 14
Schuppenzellen 12
Schur 17
Schutzhütte 80, 81
Screening 22
Sinneshaare 12
Souvenirs 96
Spindelzellschicht 12
Spinnrad 20
SRS®-Methode 25
Standweide 77
Streichgarn 19
Stresssymptome 55
Stromanschluss 78
Struktur 93
Subcutis 12
Surifaser 14, 19

T

Talgdrüsen 12
Taubheit 62
Therapiebegleittiere 56
Tiergestützte Förderung 52
Tiergestützte Pädagigik 52
Tiergestützte Therapie 52
Tierhalterhaftpflicht 104

Tierhäute 93
Tierschutzgesetz 102
Tops 18
Training 41, 54
Transportlast 44
Trekking 35
Trittschäden 73
Trittsicherheit 38
Trockenfleisch 85
Trockensubstanz 76

U

Umtriebsweide 77
Unterhaut 12

V

Variable Kosten 45, 97
Verbuschung 73
Vlies 14

W

Wallache 39, 60
Wandern 35
Wasserbedarf 76
Weidezaungeräte 79
Weidezelt 82
Werbung 47
White Spot Gen 31
Widerstandskraft 93
Wohlfühlfaktor 12
Wolle 11
Wollhaare 12
Wollpreise 17, 19

Z

Zaunhöhe 78
Zaunpflege 80
Zuchttiere 38
Zusatzangebote 46

Autoren

Dr. med. vet. Michael Trah (Hrsg.), geboren 1952, ist verheiratet und hat zwei erwachsene Kinder. Als selbständiger Tierarzt arbeitet er seit 1985 in der eigenen Praxis im Rems- Murr- Kreis und züchtet in seiner Freizeit seit 1990 Alpakas. Seit dieser Zeit beschäftigt er sich schwerpunktmäßig mit der artgerechten Haltung und Krankheiten von Neuweltkameliden.

Walter Egen, Jahrgang 1959, ist Landwirtschaftsmeister und züchtet seit 1990 Lamas und Alpakas. Er war 1. Vorsitzender des Vereins der Züchter, Halter und Freunde von Neuweltkameliden e.V. von der Gründung 1993 bis 2003. Auf seinem Hof in Kaufbeuren führt er regelmäßig Kurse zur Haltung, Pflege und Zucht von Lamas und Alpakas durch.

Klaus Finkenzeller, geboren 1960, ist Diplom-Informatiker und Heeresbergführer. Er lebt in Maria Gern bei Berchtesgaden, ist verheiratet und hat zwei mittlerweile erwachsene Söhne.
Seit 2006 hält er Lamas, mit denen er geführte Wanderungen und andere tiergestützte Aktivitäten anbietet.

Heike Höke, geboren 1963, ist verheiratet, hat zwei erwachsene Kinder und lebt im Kreis Höxter/Weserbergland. Als staatlich anerkannte Heilerziehungspflegerin arbeitet sie seit 1999 in verschiedenen pädagogischen und therapeutischen Projekten tiergestützt, schwerpunktmäßig mit Lamas und Alpakas. Sie ist Mitbegründerin und Ausbildungsleiterin am Institut AATLA – tiergestützte Pädagogik und tiergestützte Therapie mit Lamas und Alpakas.